解密中山陵

编　　著	卢立菊	陈宁骏		
摄　　影	梅　宁	丁艳霞	吴　迪	陈力荔
图片整理	林滟茹	刘蓉蓉	陈　莹	强　薇
	李　静	唐　茹	韩晶晶	孔　昕
	李　振	郭　珊	王丹丹	张晨枫

东南大学出版社
·南京·

图书在版编目(CIP)数据

解密中山陵 / 卢立菊,陈宁骏编著. — 南京：东南大学出版社，2018.6(2024.4 重印)
  ISBN 978-7-5641-7775-1

Ⅰ.①解… Ⅱ.①卢… ②陈… Ⅲ.①中山陵-史料 Ⅳ.①K928.76

中国版本图书馆 CIP 数据核字(2018)第 104336 号

解密中山陵

出版发行：东南大学出版社
社　　址：南京市四牌楼 2 号　邮编：210096
责任编辑：史建农
网　　址：http://www.seupress.com
电子邮箱：press@seupress.com
经　　销：全国各地新华书店
印　　刷：广东虎彩云印刷有限公司
开　　本：700mm×1000mm　1/16
印　　张：14
字　　数：208 千字
版　　次：2018 年 6 月第 1 版
印　　次：2024 年 4 月第 2 次印刷
书　　号：ISBN 978-7-5641-7775-1
定　　价：35.00 元

本社图书若有印装质量问题，请直接与营销部联系。电话：025-83791830

目 录

1 钟山自古多墓陵(代序) ………………………… 1
2 朱元璋选中"独龙阜" …………………………… 3
3 朱元璋迁墓建陵 ………………………………… 6
4 朱元璋葬在明孝陵吗? …………………………… 9
5 明孝陵的政治意义 ……………………………… 13
6 孙中山为何拜谒明孝陵 ………………………… 16
7 孙中山"愿向国民乞一抔土" …………………… 19
8 孙中山抱病北上 ………………………………… 22
9 孙中山病逝于北京 ……………………………… 25
10 宋庆龄亲自选择墓址 …………………………… 28
11 陵园征地之风波 ………………………………… 31
12 孙中山的遗体在北京差点被毁 ………………… 33
13 孙中山用过的棺椁 ……………………………… 36
14 孙中山先生葬事筹备处 ………………………… 39
15 孙中山葬事筹备委员会的委员们 ……………… 42
16 前后两任葬事筹委会主任干事 ………………… 44
17 中山陵的设计征稿 ……………………………… 47
18 英年早逝的中山陵设计师吕彦直 ……………… 49
19 中山陵奠基礼上的政治风波 …………………… 51
20 中山陵历时6年完工 …………………………… 54
21 倒贴承建的姚新记营造厂 ……………………… 56
22 承建第二部工程的新金记营造厂 ……………… 60
23 孙中山奉移南京的前期筹备 …………………… 63
24 奉安大典的四次延期 …………………………… 66
25 宋庆龄回国参加奉安大典 ……………………… 68
26 隆重的奉安大典 ………………………………… 71

27	孙中山为何是党葬而不是国葬	77
28	总理陵园管理委员会	80
29	完成建陵工程的陶馥记营造厂	83
30	中西结合的中山陵建筑	86
31	孙中山卧像与坐像穿装为何不统一	90
32	几经迁移的孙中山铜像	94
33	中山陵衬饰文字的出处及书写者	98
34	以孙中山名字命名的中山植物园	101
35	南京的"绿肺"	103
36	美龄宫秘事	107
37	孝经鼎身世探秘	111
38	海外华侨捐建的音乐台	113
39	光化亭的由来	116
40	行健亭和永丰社	118
41	叶恭绰与仰止亭	120
42	几经劫难的藏经楼	122
43	冯玉祥为何没能参加孙中山的奉安大典	125
44	国民革命军阵亡将士公墓	128
45	规模宏大的谭延闿墓	131
46	廖仲恺的"国葬"与何香凝的合葬	136
47	附葬中山陵园的范鸿仙	139
48	历经沧桑的韩恢墓	141
49	没能入葬中山陵园的国民政府主席林森	143
50	被蒋介石暗杀的邓演达	146
51	蹊跷的日本副领事失踪事件	148
52	续范亭为何选择在中山陵剖腹自杀	151
53	中山陵园在抗战前期成为军事阵地	153
54	沦陷初期的"伪中山陵园办事处"	156
55	抗战时期的空中谒陵	159
56	日伪当局的"迎灵"丑剧	162
57	汪伪时期的"国父陵园管理委员会"	165
58	汪精卫如愿葬于梅花岗	167

59	抗战胜利后的接管	169
60	汪墓深夜被毁平	172
61	隆重的国民政府还都大典	174
62	国民党将领的"哭陵"闹剧	177
63	蒋介石为自己选好的墓地	179
64	戴笠墓寻踪	182
65	孙科的《三年计划》难以实现	185
66	保存完好的阵亡将士公墓建筑	189
67	为什么说航空烈士公墓是国家级抗战遗址	192
68	中山陵的和平交接	196
69	拜谒中山陵的外国政要和国际友人有多少	199
70	孙中山先人葬于何处	202
71	孙中山的前两位夫人葬于何处？	205
72	宋庆龄为何没有与孙中山合葬于中山陵	209
73	历经沧桑的中山陵园	213

后　记 ……… 215

1 钟山自古多墓陵（代序）

紫金山又名钟山，位于古都南京的东北部，历史悠久，古迹众多。最早的人文古迹，当属佛寺。"南朝四百八十寺，多少楼台烟雨中"，紫金山在历史上曾有佛寺70多座，梁代以后数量更多，其中以灵谷寺名气最大。除寺庙之外，紫金山还有许多名人墓葬，并且因为兴建陵墓而毁坏许多寺庙。

古人选择墓穴，喜欢看风水，有人说这是迷信，但其心理暗示作用还是很重要的。南京城的风水有"金陵是都，虎踞龙蟠，兴王之居"的说法。北京、西安、南京三大古都，分列于北、中、南"三条大龙"的结穴点上。

东北方向在风水上为阴冷之地，紫禁城的东北角就是失宠嫔妃居住的冷宫。古人选择墓地一般以城市的东北面为佳。因此紫金山从风水上来说是墓葬的宝地，这就是钟山自古多陵墓的原因。

东吴大帝孙权像

紫金山最早的名人墓葬当属孙权墓。孙权，字仲谋，生于公元182年，229年成为三国时期吴国的开国皇帝，定都南京（时称建业），史称东吴。252年，孙权病逝，终年71岁，谥号大皇帝，庙号太祖。孙权墓史称蒋陵，又名吴王坟，所葬之地故而遂名孙陵岗。

《三国志·吴主传》记载孙权"葬蒋陵"。南朝宋山谦之的《丹阳记》则解释了"蒋陵"命名的由来："蒋陵因山以为名，吴大帝陵也。"南京的钟山古时曾被称做"蒋山"，这一信息表明，蒋陵的大概位置就在钟山一带。

关于孙权墓的具体位置，根据宋张敦颐的《六朝事迹编类》、马可·波罗的《寰宇记》、山谦之的《丹阳记》、唐许嵩的《建康实录》等书籍记载，可判定在紫金山南麓梅花山一带。孙陵岗是梅花山的旧称。后经勘测考评，孙权墓确定在梅花山博爱阁西侧山坡上。

据勘测表明，梅花山西坡有一处东西走向、长约40米的地下通道，从山脚延伸至山顶处，按"因山为陵"的帝陵规制，此为墓道，山顶下隐有200平方米以上的地下空间，很可能就是墓室。墓道高度在2米左右，墓室高度则达到3米。梅花山山体多为质地坚硬的砾岩，人工开凿的难度很大。只有修筑帝王陵寝，才有可能在这种地质结构下进行大规模的开凿。从修筑手段上看，孙权墓更多地继承了江苏汉代王陵及江南吴越地区早期王陵的做法。

孙权墓是南京地区最早的六朝陵墓，孙权夫人步氏和后妻潘氏以及宣明太子孙登也葬在孙陵附近。孙权墓的遗址在明孝陵的梅花山内。2012年在原址附近修建了孙权纪念馆，解读了孙权的历史功业，再现了三国时期波澜壮阔的历史画卷。

孙权作为南京的第一位皇帝，将自己的陵墓选在紫金山的梅花山一带，这里是风水上佳之地，许多地方都是墓葬宝地。"独龙阜"这块风水最旺的宝地在南朝时期被一位高僧发现，他就是济公的原型宝志和尚。

梅花山山顶的博爱阁

2 朱元璋选中"独龙阜"

宝志生于418年,传说生在金陵(今南京)郊外的一株大树的鹰巢中。有一个姓朱的妇女去井边打水,听见树上有婴儿啼哭,就抱回去抚养。所以宝志姓朱,后人把他描绘成长着一双鹰爪的异人。宝志7岁时出家到钟山道林寺当和尚,中年以后,常常散发赤脚在街上行走,手拄拐杖,杖上悬刀(齐)、尺(量)、拂(尘)、镜(明)等,传说他预言后来建都于南京的齐、梁、陈、明等朝代。宋宰相李纲曾写诗称赞道:"宝公真至人,鸟爪金色身。杖携刀尺拂,语隐齐梁陈。"

后来,宝志向西域来的名僧良耶舍学习禅法,大有长进,有了些名气。可不知什么原因,到宋明帝泰始初年,他突然疯癫起来,赤足蓬头,僧衣褴褛,饮食无常,居无定所,形似乞丐,常常口中念念有词,惹人讪笑。到了南齐建元年间,他更变得一天不进饮食也不知饥渴,但面色如常。尤为神奇的是,他语言恍惚却又屡屡灵验,齐武帝把他请进宫里,他竟然一变分为三人,使齐武帝惊诧不已;他还密运法术,使齐武帝见到其父在地狱中受刑的情景,使其顿生感悟,遂下令减轻百姓的赋税,并消除了许多锥刺刀割的酷刑……好一个济公形象!

宝志和尚像

梁朝时,梁武帝精通佛学,很尊敬宝志和尚。梁武帝将他请进宫里,拜为师父,称其为"国师"。梁

无梁殿建于洪武十四年（1381年），原为灵谷寺内供奉无量寿佛的无量殿，因整座建筑采用砖砌拱券结构，不设木梁，故又称"无梁殿"。

武帝下诏："公混迹尘世，神游天上，不避水火，不畏蛇虎，要说他的佛理，胜过罗汉；要说他的隐论，恰似神仙。"还传谕宫人，不许禁止宝志活动，不许怠慢他，并任其自由出入宫掖，荣耀无比。宝志和尚在江南大旱时代皇帝求雨，当天就下起了瓢泼大雨。宝志和尚由此在建康一带"显灵"40余年。

有一天，梁武帝与宝志和尚登钟山，来到定林寺，宝志和尚用手指旁边的独龙阜说："如果死后能埋葬在此处，日后定能保佑后代。"梁武帝问："谁可以埋葬在这里呢？"宝志和尚回答："我们当中谁先去世，谁就埋葬在这里。"

钟山有东、中、西三峰，在古代的风水学上，这被称为"华盖三峰"。按照中国的传统，以中峰的地位最高。独龙阜恰好处于中峰南面的玩珠峰下。梁武帝也觉得这是块风水宝地。

514年（南朝梁天监十三年），宝志和尚圆寂。梁武帝想起了宝志和尚曾说过的话，花了20万铜钱买下独龙阜，在这里修建了一座寺庙，然后将宝志和尚安葬在这里。梁武帝的女儿永定公主，还拿出一大笔私房钱为宝志修建了五级浮屠，并在塔顶镶有琉璃宝珠，所以称为"玩珠塔"，又称"宝公塔"。第二年，梁武帝又在宝公塔前为宝志建造了一座开善寺。开善寺建成后，南朝许多帝王曾来此行香、赋诗。唐朝天宝年间，著名画家吴道子根据开善寺中梁代张僧繇所画的宝志像，重新摹绘了一幅宝志画像。后来，大诗人李白为这幅宝志画像作了画赞，画赞的全文是：

　　水中之月，了不可取。
　　虚空其心，寥廓无主。
　　锦蒙鸟爪，独行绝侣。
　　刀齐尺梁，扇迷陈语。
　　丹青圣容，何住何所。

李白的画赞由唐代著名书法家颜真卿书写，连同吴道子的画一同刻在一块石碑上，因此叫做"三绝碑"。唐乾符年间（874—879年），开善寺改名为宝公院。宋朝开宝三年（970年）又改名为开善道场。明朝初年，这座位于独龙阜的寺庙已成为千年古刹，寺名也改为太平兴国禅寺。宝志和尚生前料事如神，却没算到死后800余年的这件事。

1376年（明洪武九年）的一天，朱元璋带着刘基、徐达、汤和等人一起来到紫金山，开始忙着为自己筹建陵寝。众人都觉得"独龙阜"的风水很好，朱元璋更是非常满意。刘伯温等风水家们认为，南京的真龙结穴处就在城东主峰紫金山，故而紫金山南坡的独龙阜风水最旺，为陵寝首选之地。那么，早已占此宝地的宝志和尚墓又该怎么办呢？

明太祖朱元璋的民间画像

3 朱元璋迁墓建陵

时任太平兴国禅寺的住持仲羲知趣地主动奏请迁寺搬家。朱元璋龙颜大悦，顺水推舟下令让精兵强将立即拆迁寺院，并且捐出建造太庙、宫殿剩下的材料用于新寺建设。

钟山风水地形图

迁墓在古代对于墓主来说是忌讳的。据说，军士们在拆除宝公塔的时候发生了一件怪事。当挖出宝志和尚遗体时，只见他屈膝盘坐在两只对合的莲花缸内，头发披身，指甲缠腰，容貌如生，而且不论军士们如何用力，就是无法抬起宝志的金身。朱元璋听说后，不由得暗自吃惊，于是就去占了一卦，卦上说："世间万物各有主，一厘一毫君莫取。英雄豪杰自天生，也须步步循规矩。"朱元璋知道这是神僧有意见了，于是加大补偿力度，他亲自到宝志的遗体前行礼，许愿修建一座更为宏大的寺庙，并以金棺银椁厚葬宝志和尚。也许是神僧不屑与俗人计较，军士们这才搬动了宝志的金身。

新寺落成后,朱元璋赐名"灵谷禅寺",并亲书"第一禅林"四字悬于山门。此时的灵谷寺可谓风光无限,规模十分宏大,占地500亩,僧人最多时超过千人。寺内建筑宏丽,殿宇如林。此外,朱元璋另赐给灵谷寺上元、江宁、句容、六合等地的田地、山塘,共计34 000亩,并令其统领栖霞寺、佛国寺、云居寺等12座寺院。据传,当时每天傍晚,寺僧要骑着马才能去关山门,可见范围之大。山门是灵谷寺的大门,在今天的南京体育学院以南,该地现在还有一个叫做大栅门的地名,就是从大山门谐音而来。

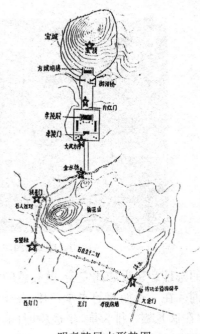

明孝陵风水形势图

与此同时,规模更为宏大的孝陵得以开工兴建。明孝陵的选址,以中国传统的"风水学"理论为依据,继承了东吴以来历代定都南京的政治家和堪舆家的风水理念。明孝陵以钟山为背屏,其势与堪舆家所推崇的"华盖三台,尊极帝位"之说相合。孝陵陵宫处于主峰之下,周围有山水相绕,给置身于其间的陵寝建筑营造了拱卫、环抱、"前案"、"远朝"之势,王气聚此而不散。中国古代哲学和传统思维模式,对孝陵所处的地理特征赋予了很深的文化内涵。

在这处庞大的帝陵区域内,设计者将整座钟山以及部分水面作为重要的"风水"景观一起纳入孝陵的建筑规划设计中,从而实现了"因山为陵""天人合一"的中国帝陵建筑传统和文化理念。朱元璋的皇城与皇宫的设计与选址,也是听从刘基等风水大师的建议而定的。

皇宫建成以后,朱元璋邀请文武百官同游紫金山,山上俯瞰皇宫,居高临下,雄伟壮观。朱元璋想到自己生前的皇宫、身后陵寝

明孝陵博物馆内的陵宫模型

的选址和建设如此完美，就故意问官员们有何感想，想听到赞美之词。在一片如潮的奉承声中，朱元璋隐隐听到一个稚嫩的声音："在这儿架一排大炮，半炷香时间，就能将皇宫夷为平地！"原来是十来岁的四子朱棣所言。这声音虽小，但清晰有力，许多人都听到了，欢乐的场景立刻鸦雀无声，原先兴致高昂的朱元璋扫兴而归。

南京民间传说，朱元璋事后赐橘子给朱棣。吃橘子是先剥皮后抽筋，意在要杀朱棣，此说并不可信。久经沙场、戎马半生的朱元璋虽然一时不悦，但能感到言之有理，立刻下令修建更为广大的外城，把包括紫金山在内的一切重要地方围起来加以防御。

1380年，20岁的朱棣就藩燕京北平，之后多次受命参与北方的军事活动，两次率师北征，招降蒙古部落，加强了他在北方军队中的影响力。朱元璋晚年，长子太子朱标、次子秦王朱樉等先后去世。四子朱棣不仅在军事实力上，而且在家族尊序上都成为诸王之首，这为后来的"靖难"埋下了隐患。

明朝初期，政局并不稳定。朱元璋自知树敌太多，生怕自己的遗体被人泄恨。多疑的朱元璋对身后之事费尽心机。

4 朱元璋葬在明孝陵吗？

据说当年朱元璋建孝陵时，还有人建议迁走附近的孙权陵墓，朱元璋念及孙权乃三国英豪，便下令"留他为我看守墓道"，孙权墓才得以保留。而勘测出的孙权墓正对棂星门，两者相距仅有100米左右，与"守墓"的传说十分吻合。

明孝陵始建于1381年，翌年马皇后去世，9月安葬入陵，定名为"孝陵"，有"以孝治天下"之意，另一说因马皇后谥号"孝慈"，故名。1398年，朱元璋去世后遂启用地宫与马皇后合葬。此时，明孝陵并未完全竣工。另外，孙、李两位贵妃分别葬于孝陵东、西两侧。

1402年，燕王朱棣攻陷南京，宫中火起，建文帝不知所终。诸王群臣纷纷上表劝进，朱棣在象征性地推辞两次后，于己巳日，"谒孝陵"，虽然"唏嘘感慕，悲不能止"。1405年，明成祖朱棣亲撰"大明孝陵神功圣德碑"，为父亲歌功颂德，楷书阴刻，全文长达2 746字。1413年，此碑立毕，标志着历时30余年的孝陵建成。1421年，朱棣迁都北京，设南京为留都。明孝陵仍具有极高的政治地位。

明孝陵规模宏大，建筑雄伟，形制参照唐宋两代帝王陵墓而有所增益。建成时围墙内享殿巍峨，楼阁壮丽，南朝七十所寺院有一半被围入禁苑之中。其占地面积达170余万平方米，是中国规模最大的帝王陵寝之一。

明孝陵的起点在今天卫岗东侧的下马坊。从下马坊向西北行755米，是大金门。大金门是明孝陵的第一道大门，门朝南，有拱门三券，明代装有朱红漆的大门，门楼顶覆盖黄色琉璃瓦，现在屋顶和大门早已无存。大金门正北70米，就是立有"大明孝陵神功圣德碑"的碑亭，现俗称四方城。

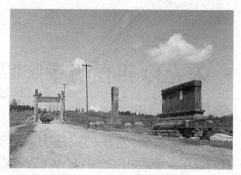

民国时期的明孝陵下马坊

清末时期的孝陵神道

过碑亭折向西北,是御河桥,现在俗称红桥。过桥即进入明孝陵神道。神道分为两段,第一段东西向,现名石象路,因路上有高大的石象而得名。石象路两侧依次分列狮、獬豸、骆驼、大象、麒麟和马,6种12对共24只石兽,两蹲两立,每种4只。

石兽尽处,神道方向折向正北。这一段神道从望柱起到棂星门止,因有文武各两对,共8个石翁仲而俗名翁仲路。过棂星门折北便是金水桥,顺坡而上才到明孝陵的正门。此门原名文武方门,1998年依明代建筑形式和考古发掘资料修复文武方门,恢复原来的规制五孔门道,对宫门两侧的墙体遗址也实施加顶保护。

从正门直到享殿,是一条用巨石铺成的御道。享殿原名孝陵殿,是明孝陵的主要建筑,于1383年建成。孝陵殿规模很大,建于三层石须弥座台基之上。孝陵殿于清咸丰年间毁于战火。现在殿基上仍保留着56个大石柱,根据柱础的布局可知原建筑是九间五进。

依照陵宫"前宫后寝"的格局,入此门,便是由阳间走进阴间,因此,又称其为"阴阳门"。门后是一座大石桥,原名升仙桥。桥后就是方城。从正门到方城,共长375米。方城正中是一个高大的拱门,拱门内是一条深长的隧道,由54级石阶组成。出隧道分左右二石阶,折而向上,向南登上方城,即明楼所在。明楼俗称马娘娘梳妆台。

方城和明楼是明代的创新,明以前的帝王陵墓都没有这样的建筑。在宝顶前面建造一座高大的方城和明楼,其中夹以深邃的隧道,更增加了庄严肃穆的气氛,显示出帝王的无比威严。

方城之后就是宝顶,也叫宝城,正面的石壁上横刻"此山明太祖之墓"七个楷书大字。据说这七个字刻于民国初年,用以回答游人的讯问。宝城是一座近似圆形的小丘,直径从325米到400米不等,四周有砖墙,墙以条石作基础,依山就势而筑,高度约7米,墙顶厚度约2.1米。宝顶之上,树木参天,地宫位于宝顶之下。

明孝陵明楼隧道

朱元璋作为大明开国之君,择金陵"龙脉"以为葬地,这完全符合风水要义。在钟山的南面建造自己的帝陵,在钟山的背面陪葬功臣,让自己的臣子在死后也护卫着自己,南北对应,尊卑昭然。

太子朱标于1392年早逝后葬在明孝陵以东,又称东陵。据《明史》记载,建文帝的五弟朱允熙曾随母亲吕妃居住在懿文太子陵,1406年(永乐四年)火起于邸中,允熙和吕妃都不知所终。此后,明人和清人谒明孝陵的记载中,都没有再提到过这座东陵。朱

"此山明太祖之墓"

棣迁都北京后,明代帝王死后也都葬到了北京。据载,陪伴朱元璋长眠的功臣有十余人,现已确定了徐达、常遇春、李文忠、吴良、吴祯、仇成6人的墓址。

朱元璋是否葬于明孝陵?南京民间也有传说:"明太祖死后,十三个城门同时出棺材,明孝陵是疑冢,真墓葬在朝天宫的土山下。"生性多疑的朱元璋有没有真葬在明孝陵?他的真身葬于何处?

1999年初,专家采用精密磁测技术并结合地面调查,对明孝陵后山两万多平方米地域进行了一次缜密的勘查,证实朱元璋的地宫就在独龙阜玩珠峰下数十米深处,且保存完好,未被盗掘过。地下宫殿规模很大,仅甬道长度就超过了120米,地宫的构造十分复杂,尚需作进一步的调查。由此可推测,朱元璋应葬于明孝陵。

无论朱元璋是否真葬于此,明孝陵自明清至民国初期,已被赋予了特殊的政治意义。

明东陵享殿基址

5 明孝陵的政治意义

明孝陵是明代祖宗的根本之地,备受尊崇。每年有固定的三大祭、五小祭,南京各衙门文武官员必须全体陪祭,临期不到的,由监礼官参究。凡遇国之大事,均需遣勋戚大臣祭告。明代还规定,到南京赴任或路过南京的官员,必须先谒孝陵,离开南京时还要来辞陵,违者参究。在明孝陵的起点,现在卫岗稍东的下马坊,特设牌坊大书"诸司官员下马"。

明孝陵确定了严格的礼仪制度,拜谒明孝陵,有了许多政治含义。清军南下,明孝陵成为暗流涌动反清复明势力的精神圣地。

1645年5月,豫亲王多铎平定江南,进驻南京城后不久即"谒明陵,命灵谷寺僧修理"。7月,又"遣内官正副二员,陵户四十名,守明陵"。清代前期,在满汉矛盾冲突之下,清代统

清朝康熙帝题写的"治隆唐宋"碑

治者出于政策的需要,也必须笼络广大汉民族以加强统治,受汉文化影响,对明孝陵实施保护政策。明孝陵仍享有崇高的地位。

1684年,康熙帝首次南巡到达南京,亲往明孝陵拜祭。"上由甬道旁行,谕扈从诸臣皆于门外下马。上行三跪九叩头礼,诣宝城前行三献礼;出,复由甬道旁行。赏赉守陵内监及陵户人等有差。谕禁樵采,令督抚地方官严加巡察。"其谒陵态度之恭敬,礼数之尊崇,出乎大多数人的意料。"父老从者数万人,皆感泣。"1699年,

康熙下江南再拜谒孝陵,题"治隆唐宋"四个大字,意思是赞扬明太祖的功绩胜过了唐宗宋祖。

康熙南巡,六次遣官拜祭,五次亲往谒陵。乾隆六次南巡,更是次次至明孝陵"拈香奠酒"。且二人祭拜时均行三跪九叩之大参礼,可谓优渥有加。被时人誉为"礼文隆渥,逾于常祀,是乃千古盛德之举"。

清咸丰年间,太平天国战火几乎让明孝陵的地表建筑毁于一旦,明孝陵正门上覆黄色琉璃瓦,原为五个门,三大二小,被毁后改为一个正门,康熙手书的御碑也倒地破碎。

清乾隆帝谒明孝陵后的题字

1864年9月,时任两江总督的曾国藩奉诏祭陵,着手修复明孝陵。当时,曾国藩派员勘估,维修明孝陵实际需白银20万两,但是清朝财政拮据,结果最后只用了740两银子做了一些小维修,

明孝陵孝陵殿遗存

"治隆唐宋"的御碑被扶起黏合,并专门建有碑殿。

孝陵殿前的中门,原也是五个方门,现均已毁损。须弥座台基尚存,从须弥座台基可以看出明代中门的规模,前有踏跺一道,后有踏跺三道。台基两侧原有墙向东西两端伸出,从而把前面的庭院与后面隔开。1873年,享殿复建完成,规模虽比原来的孝陵殿小了许多,但明孝陵的原貌格局基本得以恢复。

1909年,两江洋务总局道台和江宁府知府会衔于文武方门前竖立"特别告示碑",用日、德、意、英、法、俄六国文字镌刻,用来告诫相关世界各国游客不要在此乱涂乱画。

1909年,两江洋务总局道台和江宁府知府会衔于文武方门前竖立"特别告示碑"。

明孝陵从1376年筹建,至1413年竣工,虽历经600多年沧桑,但主体建筑犹存,历史风貌依然。它是中国现存建筑规模最大的帝王陵墓之一。明孝陵"前朝后寝、前方后圆"的陵宫布局设计和方城明楼、宝城宝顶等建筑形式,既继承了汉、唐、宋帝陵制度中的优秀成分,又创建了新的帝陵制度,开创了中国明清帝王陵寝建设规制的先河,规范着明、清两代500多年帝陵建设的总体格局和风貌。2003年7月,明孝陵作为"中国明清皇家陵寝"的扩展项目,列入世界遗产名录,成为古都南京的第一处"世界文化遗产"。

清朝末期,反对清廷腐朽封建统治的武装起义风起云涌,"驱除鞑虏,恢复中华"的呼声日渐高涨,明孝陵又被赋予了新的政治意义。

6 孙中山为何拜谒明孝陵

1911年10月10日，武昌起义成功。12月25日，流亡国外16年的孙中山先生抵达上海，着手新政权的建立，29日，孙中山高票当选为中华民国首任临时大总统。1912年1月1日深夜，孙中山在南京的原两江总督署大堂，举行了简单的就职仪式。

孙中山的就职誓词是这样的："倾覆满洲专制政府，巩固中华民国，图谋民生幸福，此国民之公意，文实遵之，以忠于国，为众服务，至专制政府既倒，国内无变乱，民国卓立于世界，为列邦公认，斯时，文当解临时大总统之职。谨以此誓于国民。"在短短百字的就职宣言中，就有数十字是讲解职条件，是很少见的。这是由当时南、北对峙的政治形式而决定的。

孙中山的新政权范围只有南方十几个省份，北方名义上仍是清廷的疆域，但清廷实权已被内阁总理大臣袁世凯掌控。中华民国匆匆诞生，内部难以聚心凝力，军费紧张，财政危机，困难重重，难以用军事力量统一北方。新政权及革命党内部在武昌起义成功后就基本形成"虚总统之位以待袁世凯推翻清廷"的共识。老奸巨猾的袁世凯，一方面用南方革命党要挟清廷，另一方面以清廷提高在南方革命党中的价码。

2月12日，清帝在袁世凯的胁迫下退位。孙中山对溥仪的退位诏书中"即由袁世凯以全权组织临时共和政府与民军协商统一办法"这一段话极为反感，但已无力回天。政治规则是由强者主导的，孙中山履行誓言于13日就向临时参议院提出辞职。

14日，临时参议院批准孙中山辞职，并以新总统接事为解职期。孙中山签署了命令，决定于次日举行中华民国统一大典仪式，并祭告明太祖朱元璋。朱元璋推翻元蒙，复兴汉族，建立明朝；孙中山则推翻清王朝，复兴中华。

15日上午11时，孙中山率各部及右都尉以上将校军官赴明

6 孙中山为何拜谒明孝陵

孙中山拜谒明孝陵

孝陵行祭告礼,军士数万。各国领事临观,孙中山统率军民谒陵,宣读谒陵文。

孙中山祭陵后,发表演讲,昭告全国统一,并在明孝陵留影。

外交总长王宠惠讲述了孙中山谒陵选择这一日的特别用意："和议告成,总理提议辞职,推荐袁世凯为临时大总统,选举之日,命所部赴明孝陵,谓将行祭告礼。宠惠不知用意所在,从容请曰:今日为参议院议决推选之期,大总统或须出席,请以他日祭告何如。则云:我正因此命全师而出也。今日之事,闻军中有持异议者,恐于选举之顷,有所表示,其意不愿我辞职,又不满于袁世凯也。且此案如不通过,人必疑我嗾使军队维持个人地位,故特举行祭告,移师城外,使勿预选事也。"

孙中山拜谒明孝陵有两个考虑:一是祭告明太祖朱元璋,推翻了满族的封建统治,全国实现了和平统一;二是防止军事力量干预参议院之选举。孙中山真是用心良苦。

当日下午2时,总统府举行了隆重的南北统一共和成立大典。孙中山出席并发表了演说。当天,临时参议院选举袁世凯为中华民国第二任临时大总统。

7 孙中山"愿向国民乞一抔土"

为了保住革命成果,制约袁世凯,孙中山坚持定都南京,要求袁世凯南下接任临时大总统,并派出迎袁专使团赴北京。袁世凯通过多种手段,还是达到了在北京就职的目的。

1912年3月10日,袁世凯身穿上将军服在北京宣誓就任中华民国第二任临时大总统。中国当时出现了南、北两位临时大总统的格局,袁世凯将取代孙中山成为民主共和的最高领袖。孙中山在解职前,主要是完成政权的交接工作。

即将"无官一身轻"的孙中山难得清闲,和胡汉民、郭汉章等人前往紫金山狩猎。当从明孝陵转到半山寺时,孙中山放目四望,指着远处的方山和回环扣带的秦淮河说:"你们看,这里地势比明孝陵还要好,山水相衬,气势恢宏,不知明孝陵为何不选在这里。"

孙中山任临时大总统期间的戎装照

胡汉民说："这里确实比明孝陵好，前有照，后有靠，左右有山环抱，加之秦淮河环绕着，真是一方大好墓地。"孙中山笑着对众人说："他日我辞世后，愿向国民在此乞一抔土，以安置躯壳尔。"

孙中山先生在《实业计划》中对南京有以下描述："其位置乃在一美善之地区，其地有高山，有深水，有平原，此三种天工，钟毓一处，在世界中之大都市诚难觅如此佳境也。"

孙中山是广东香山人，足迹踏遍世界各地及祖国大好河山，为何到紫金山就一眼看中自己身后的百年之地？原因应有二：一是孙中山当时的心情，加上独特的紫金山特有的风水，使他当时产生了一种强烈的百年归属感；二是孙中山对朱元璋的认同，有一种与英雄相伴相惜的愿望。朱、孙两人均是推翻了外族统治。

在孙中山早年提出"驱除鞑虏"的同期，梁启超等立宪派人士在1903年就倡导在中国应该提倡大民族主义，提出以汉族为中心，"合汉、合满、合蒙、合回、合苗、合藏，组成一大民族"，这可以视为后来"五族共和"和"中华民族"理念的发端。

随着时代的发展，在"五族共和"已经被国内大多数人接受的

孙中山与同僚到紫金山打猎

孙中山正式解除临时大总统一职后与临时参议院议员们合影

情况下,孙中山站在以维护国家统一的立场,在就任临时大总统的宣言书中宣布:"国家之本在于人民。合汉、满、蒙、回、藏诸地为一国,即合汉、满、蒙、回、藏诸族为一人。是曰民族之统一。"此时孙中山虽已由狭隘的"驱除鞑虏"转变为"五族共和",但对朱元璋驱除外族统治、复兴汉族的敬意却没有改变。

4月1日,孙中山正式解职,4月3日离开南京赴上海。南京,是孙中山开创民主共和的地方,此后,孙中山只是路过一次,就再没有到过。离任后孙中山先是从事铁路建设,实业救国,后在日本、广东等地发动"二次革命""护法运动",捍卫民主共和,积劳成疾。此时的紫金山也伴随着南京经历了军阀混战,许多建筑受到损毁,树木遭到破坏。

8 孙中山抱病北上

1924年10月23日,冯玉祥发动北京政变,软禁了曹锟,电邀孙中山北上主持大局。11月1日,冯玉祥、段祺瑞、张作霖再次发电报邀请孙中山来北京共商国是。13日,孙中山带着宋庆龄乘永丰舰从广东出发,经香港、上海,于12月4日抵天津。

孙中山早年即从事革命事业,长期居无定所,流离海外,身体严重透支,到达天津时,深感身体不适。医生诊断为旅途劳顿、消化不良所致的胃病。孙中山北上期间,北京政局正在悄然发生变化。段祺瑞上台执政,冯玉祥已黯然离去。

此时的孙中山随行人员很少,行装非常简单,但却分批由轮船从南方运来包括《三民主义》《建国方略》在内的几万册书籍,放在居所的走廊中,将其送给来访的客人。孙中山在天津总计28天。

在此期间,他呼请召开国民会议,而"国民会议之主要任务,惟在谋国家之统一与重新建设"。为此,他先后给部下交代与下达的

1924年10月,冯玉祥发动北京政变,邀请孙中山北上共商国是。

指令、训令多达118件;接待各界代表,见诸报端的就有68人;并发出长文《孙中山在津之宣言》,草拟建国意见25条。由于如此辛苦地工作,孙中山的病情不断恶化,但为了国家的和平统一,孙中山仍坚持抱病入京。

1924年12月31日,孙中山一行到达北京入住北京饭店后,即请协和医院医生狄博尔、克礼二人与施密特会同诊治,诊断孙中山得了"最烈肝病"。

孙中山夫妇抵达天津,在船上留影。

1925年1月,经进一步核实,北京协和医院对孙中山的病情作出明确诊断:肝脓肿转为肝癌晚期。26日,孙中山入住协和医院,当日即施行手术。手术时发现肝部已经硬化,无从切除,乃用镭锭放射,以减轻孙中山的病痛。18日,镭锭治疗四十余小时仍无效果,西医治疗无望。

2月18日,孙中山由协和医院转到铁狮子胡同的顾维钧宅院。在铁狮子胡同期间,对孙中山的病使用了多种特殊的治疗手段,大家都希望能出现奇迹。中医陆仲安给孙中山开出了由黄芪、党参等配伍的药方。服用后,水肿竟然消了,吃饭也正常了。西医检查了一下,发现血液循环稳定了,令人惊喜。但不久开始腹泻,精神变差。

孙中山在天津的留影

这时,又对孙中山施以"精神治疗法",请毕业于德国精神医学专业的葛辛慈前来治疗,给孙中山做心理和肉体上的"按摩",同时停止服用已无效的中药。此时有一个叫王纶的山东医生主动要给孙中山治疗,称有"驱癌液"。"驱癌液"是当时日本人发明的一种抗癌新药,药名为"卡尔门",当年一度被看成是治疗癌症的灵丹妙药。此药刚注射时似乎有效,但接下来效果甚微。经过各种医疗措施后,孙中山的身体越来越虚弱。

孙中山病逝于北京

1925年3月,孙中山病重弥留之际,宋庆龄、何香凝、汪精卫等人常在病房守护。各地国民党要员闻讯纷纷赴京探视,其中就有护法期间担任过非常国会秘书长、大总统府咨议,时任江苏临时省党部监察委员的陈去病先生。

一次,孙中山病势垂危,昏睡了过去。宋庆龄、孙科及汪精卫、何香凝等就在病榻一角商议后事。汪精卫说道:"我认为总理倘有不测,葬在北京景山最宜。"谈论时,孙中山本已昏睡,但恰在此时醒来,听得汪精卫之语,突然翻过身来连声说道:"不,不,我要葬紫金山!"在场人都很吃惊,为安慰他,齐声应允,但无人知道紫金山在何处。

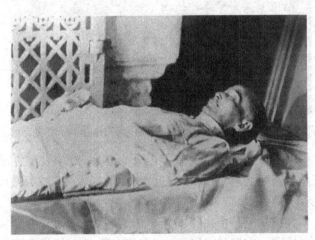

1925年3月12日,孙中山在北京铁狮子胡同行馆病逝。

孙中山逝世后,治丧筹备委员会在一片悲泣声中举行首次会议,会上,汪精卫困惑地说:"总理明言葬于紫金山,但不稔山在何处?"陈去病站起来说:"就是明孝陵所在地钟山。"众人仍然不大明白,陈去病乃向大家一一道来。

汪精卫当即请陈撰写成文,于是就有了《紫金山考》,由各报刊登载。文章对紫金山名目的来龙去脉、历史沿革及状貌特征考证得清清楚楚。公元333年,楚威王战胜越国,在紫金山掘山埋金以镇王气,因而此山得名金陵山。汉时改称钟山,三国东吴为避孙权祖父名讳,据山北有汉秣陵尉蒋子文墓,改名蒋山。南朝时,因山在城北,又叫北山。明嘉靖十年,由于孝陵在钟山而改名神烈山。山上裸露着断层的紫色砾石,在阳光照射之下,远望呈紫金色,所以别称"紫金山"。紫金山是天目山的分支,宁镇山的余脉,周长70里,北高峰、小茅峰和天堡山三峰并峙,状如笔架……

孙中山去世后,夫人宋庆龄、儿子孙科及长孙孙治平在灵堂前。

孙中山逝世前对南京的紫金山念念不忘,对于安葬在南京的寓意应是:"吾死之后,可葬于南京紫金山,因南京为临时政府成立之地,所以不可忘辛亥革命也。"

后来大家知道孙中山说的紫金山,就是当年他看中的钟山半山寺这一地方。宋庆龄、孙科和葬事筹备委员会的代表还亲自到紫金山做了实地勘察,并开始筹建中山陵。

安葬在南京是孙中山生前的愿望。南京是孙中山的革命理想实现之地。孙中山一生为革命奔走呼号,足迹遍及海内外,虽在南京仅3个多月,但他一生中最为重要的时刻就在这里。现在的南京，已与孙中山先生紧密地连在了一起。

孙中山病逝后，遗体被运回协和医院，由当时协和医院的病理系主任詹姆斯·卡什负责进行解剖。对孙中山遗体的解剖仅限于胸腔和腹腔，因为孙中山得病主要就在肝部、胃部。尸检报告出来以后，得出一个与前面完全不同的诊断结果：胆囊腺癌。医生这时才发现，孙中山的病是癌细胞侵入肝体以后，阻塞胆管，并向肺、腹膜及肠广泛性转移所形成的。关键的病变部位，是胆囊和胆管。尸体解剖完成以后，孙中山的内脏器官和病理报告，一直存放在协和医院。孙中山的病理报告编号为9954，一共13页，上面的名字是"孙逸仙"。

孙中山去世后，在京的国民党员立即成立了治丧处，那时还是第一次国共合作时期，李大钊、吴玉章、邓颖超等共产党员都参加了治丧处的工作。协和医院为孙中山遗体做了防腐手术，取出心、肝等内脏，洗涤后，由腿部注入福尔马林药液，以便长期保存。

10 宋庆龄亲自选择墓址

孙中山虽然自己选择紫金山作为其墓葬地,但紫金山很大,有31平方千米,哪里才是他的长眠之地呢?他的具体墓址,还需用心选择。

孙中山逝世时,北京政府处于段祺瑞统治下,因为孙中山是中华民国的缔造者,在全国人民心中享有崇高的威望,所以段祺瑞也不得不下令为孙中山举行国葬。"所有饰终典礼,着内务部详加拟议,务极优隆,用符国家崇德报功之至意。"国葬是民国时期借鉴西方殡葬仪式而出现的带有国家褒奖意义的安葬典礼。1916年12月18日,北京政府颁布了我国第一部《国葬法》,其中规定:"国葬墓地由国家于首都择定相当地址建筑公墓,或于各地方择定相当地址修筑专墓,或由死者遗族自行择定茔地安葬。"1917年4月,北京政府曾分别为民国开国元勋黄兴和反袁护国功臣蔡锷举行了国葬。

1925年3月14日,非常国会开会通过孙中山的国葬案,北京段祺瑞临时政府通电全国:"照国葬条例第一条第一项,先生有大

1925年4月2日,孙中山灵柩自北京中央公园移往西山碧云寺途中。

勋劳于国家,应举行国葬。"这只是官样文章,实际上,孙中山去世后所有的治丧、公祭、暂厝、安葬事宜,全部由中国国民党担任,段祺瑞政府既没有委派专人负责,也没有提供经费支持。

3月19日,孙中山先生的灵榇移入中央公园,从3月23日至4月1日举行公祭,成千上万的中外各界人士及北京民众,纷纷前来吊唁,瞻仰孙中山先生的遗容,仅花圈就收到7 000多只,挽联5.9万多幅。中央公园内外摆满了花圈,挂满了挽联,治丧活动结束后改名为"中山公园"。孙中山停灵的社稷大殿由各机关捐款11 000余银元改建为"中山纪念堂"。

4月2日,孙中山的灵榇移往西山碧云寺暂厝。在北京参加治丧的国民党要人李烈钧、邹鲁、杨庶堪等人及孙中山葬事筹备委员会委员林焕廷、叶楚伧先后离京南下,到南京紫金山勘察墓址。宋庆龄和孙科决定亲自到南京为孙中山选墓地,但因为还要在西山处理一些事情,直到4月9日才离开北京,留李石曾在西山负责照料孙中山的灵榇。

4月10日晚11时,宋庆龄和孙科抵达南京,第二天上午他们就去紫金山初勘墓地。当天下午2时半,他们就乘专车去上海,参加12日举行的全市各界追悼孙中山的大会。

4月20日下午4时,宋庆龄、孙科以及廖仲恺夫人何香凝、葬事筹备处主任干事杨杏佛及邵元冲、林焕廷、马超俊等一行14人

1925年4月21日,宋庆龄登上紫金山,为孙中山先生选择墓址。

抵南京,第二天上午他们到秀山公园参加了追悼孙中山的大会,当天下午就再登紫金山,为孙中山先生详细勘察墓址。他们沿着小路登上了主峰东侧的小茅山,途中有两个小坡,都高于明孝陵,而且有森林,比较安全,但还嫌低了一些。这天他们议了一下,没有作决定。

第二天,宋庆龄不辞辛苦,在大家的陪同下,第三次登上紫金山。这次她从山后起程。紫金山后山背阴,少阳光,而且坡度大,显然不宜选作墓址。她从后山登上山顶,看见山前紫霞洞上面有一块平台,似乎可以选作墓址,但实地勘察发现,这块平台面积较小,而且平台下面很陡峭,也不能作墓地。接着,他们又来到小茅山万福寺。万福寺也在一处平台上,这里给他们留下了很深的印象,后来孙科就在万福寺旁建造了一座供孙中山家属守灵用的"永慕庐"。

这天,他们确定了墓地的大致位置,应在山南中段平阳处,即中茅山的南坡。当天晚上,宋庆龄一行就乘夜车返回上海。以后,杨杏佛又再赴南京拍摄了中茅山南坡的照片,并请江苏陆军测量局协助测量了墓地。

1926年1月8日,杨杏佛、林焕廷和建筑师吕彦直等在墓地现场最后确定了墓室和祭堂的位置。确定了墓地位置后,下一步就是圈征这块主要属于江苏省立第一造林场的土地了。

11 陵园征地之风波

1925年4月底,北京政府内务部派出一名佥事赴南京,与孙中山先生葬事筹备处代表会同勘察墓地,并介绍筹备处代表与江苏省当局接洽。内务部便将征地事宜完全推给江苏地方当局,要求葬事筹备处就近与后者接洽办理。

7月,葬事筹备会议议决征地办法,大致如下:一是征用民地,请江苏省政府执行,由地方官委托该地乡董,按照实际价值收买,所需经费由葬事筹备处支付。二是所圈占的义农会南京分会、江苏省立第一造林场的土地,"原系公产",请江苏省按照土地公用征收法拨用。在未施用该地以前,一切地上林木、柴草利益,仍然归原机关享有;林木管理事项,则由葬事筹备委员会与原有机关共同担负。

当时的南京为北洋军阀占据,由于时局混乱,加上地方利益的各自考虑,圈地征工作历经周折。围绕陵墓和陵园所需土地的圈收征购问题,国民党人与江苏地方当局和民间社会展开了持续数年的交涉,国民党人的征地计划,在地方上遭到了一定抵制。

成立于1917年的江苏省立第一造林场,隶属于江苏省实业

1921年,位于明孝陵石马前的"江苏省立第一造林场"牌坊。

厅，其在紫金山南麓有600亩苗圃和1 500多亩林地。在葬事筹备处拟圈其1 300多亩土地中，包括林地1 000亩，苗圃300亩供全省造林之用，造林场方面认为，自己被圈范围属于该场的"精华蕴聚之区"，对林场未来发展计划影响很大。因此向江苏省实业厅强烈建议：最好不要圈占该场林地，万不得已，则以该场东部一道天然沟壑为界，这样被圈占之地约为300亩苗圃。被圈之地应当以相当之地交换，并且补偿开垦、搬迁等费用。

江苏地方当局经过再三考虑，决定避实就虚，将建陵急需的用地先行划出，暂时用不上的以后再说。鉴于实际情形，葬事筹备处也基本同意这一意见。1925年9月，基本确定孙中山先生的墓地需用官荒山场约800亩，民地1 200亩，并树立界桩，即是现在中山陵景区2 000亩的概念，包括附近的音乐台、行健亭、永丰社、仰止亭、永慕庐、光化亭等附属建筑。

20世纪20年代的"中山陵园"办公楼

1927年3月，国军革命军攻克南京。8月，葬事筹备处主任干事夏光宇提议扩大陵园范围，组织陵园计划委员会。1928年春，将省立第一造林场之紫金山林区由省建设厅转移于葬事筹备委员会管理，改为中山陵园，其造林经费由中央政府拨发。至此，整个紫金山都划入了中山陵园的管理范围。

孙中山先生的陵墓建设终于得以顺利进行。但是，暂厝北京的孙中山遗体在此期间差点被毁。

12 孙中山的遗体在北京差点被毁

1925年3月12日,孙中山在北京去世后,遗体停放在北京西山(香山)碧云寺,灵榇只有广东革命政府的数名卫士守护。中国当时南、北分据,北京处于北洋军阀统治之下。北京作为政治漩涡的中心,各路军阀出出进进,时局连年动荡,多有在西山一带滋事捣乱。

1926年3月,张作霖联合吴佩孚击败冯玉祥,占据北京。奉军纪律很差,为安全起见,守灵卫士将灵堂铁门关上,停止对外开放。12月9日,奉军一团长带领官兵到西山游玩,见铁门紧闭,不顾守灵卫士阻挠,强行要入内,好在只顺带走一些杂用物品。守灵卫士们更加小心,更怕发生意外。

北伐战争开始后,国民革命军节节胜利,很快打到长江流域,吴佩孚、孙传芳被彻底打垮,只剩奉系张作霖苦苦支撑。1927年6

孙中山去世后,灵柩奉移至北京西山碧云寺。

月18日,张作霖在北京中南海怀仁堂就任安国军大元帅,成立安国军政府,张宗昌被任命为安国军副总司令兼第二军团军团长。张作霖趁宁、汉分裂之机,派张宗昌率军开赴陇海线一带对付冯玉祥军队,双方在徐州交战,张宗昌部损失惨重。

　　寝食难安的张作霖召集将领们开会商量对策。张宗昌竟然提出,南军的胜势是因为孙中山停灵的风水大好,要求毁灭孙中山遗体以图扭转败势。绿林出生的张作霖也是个迷信风水的人,觉得有理,幸亏杨宇霆劝止,才暂时作罢。张宗昌仍伺机想焚毁孙中山的遗体。据说有次张宗昌带着残兵败将滞留在北京香山,命令部下逼迫附近百姓搬运柴草,打算焚毁孙中山先生的灵柩。守灵人飞报正在北京的张学良。张学良立即派骑兵飞驰往救。当时,柴草已经堆积成垛。就在张宗昌下令点火的瞬间,张学良的骑兵赶到,驱赶张宗昌残余,避免了毁棺事件。

　　少帅张学良对孙中山十分崇敬,多次警告张宗昌不准乱来,并通知警察厅加强防范。张学良还致电南方政府,要求将孙中山的遗体运回南京,自己可护送到天津。当时南北战事犹酣,移灵之事难以成行。南方政府鞭长莫及。土匪将烧毁孙中山的遗体的传言

1926年6月28日,军阀张作霖、张宗昌、吴佩孚、张学良等人在北京顺承王府合影。

充满在北京街头巷尾。守灵卫士们十分担心,求助协和医院,想借外国势力也被拒绝,只求得一些防腐药水,又从中法中学取回最初用过的美式小棺。

11月26日凌晨2点半,卫士们面对危急形势,在深夜秘密将孙中山的遗体从楠木大棺中取出,用药棉裹好,然后放入美式小棺中,藏置在水泉山洞里。1928年6月,北伐军占领北京,守灵卫士将孙中山的遗体从水泉山洞取回,重新放入大棺放回在碧云寺灵堂之中。北伐军第一、二、三、四集团军司令蒋介石、冯玉祥、阎锡山、李宗仁会师北京,举行了隆重的谒灵仪式。

国民党北伐成功后,到碧云寺孙中山陵寝安置处举行祭祀典礼。

孙中山的遗体虽经历波折,但完好无损。1928年12月23日,南京国民政府特派林森、郑洪年、吴铁城为迎榇专员抵达北京西山碧云寺谒灵,看到孙中山"容貌清洁,毫未改动"。直到1929年5月31日封棺前,中外各界人士多次瞻仰孙中山的遗容,也都没有发现遗体有丝毫损坏。

13　孙中山用过的棺椁

孙中山去世后，遵照其生前将遗体保存的遗嘱，其子孙科与协和医院商妥后，遂于当日上午12时30分将国民党党旗、中华民国国旗覆盖在遗体上，简单举行了悼念仪式。当时各界人士包括很多外国使节一行数百人，分立左右，行三鞠躬礼。礼毕，即乘红十字会车驶往协和医院，孙科与克礼医生随护。车抵协和医院南楼，医生先用防腐药水敷抹遗体，以便施行手术。

3月15日，协和医院报告遗体施行手术后，于上午十时，举行小殓，遵中华民国礼制，孙中山的遗体身穿大礼服、戴礼帽、足穿皮靴，被放入棺内。棺作椭圆形，前端微方，为美国良材，上方用玻璃为盖，便于众人瞻仰。十一时，殓毕，家属及侍从等齐向灵榇行三鞠躬礼乃退。这个美式木棺为孙中山先生使用的第一棺。

孙中山生前曾表示，愿像列宁那样保存遗体，供后人瞻仰。协和医院的专家向治丧处提出：如有密封性能好的水晶棺，遗体至少

孙中山灵柩出中央公园时，两旁护卫的国民军手枪队和北大、汇文学生军以及众多来送殡的群众。

可以保存150年以上。治丧处即致电苏联及欧洲各国定购水晶棺。

30日,苏联政府特派专员多米诺夫将赠送的水晶棺运到北京,并带来了一封苏共中央执行委员会致中国国民党的唁电。这具水晶棺长1.75米,高0.5米,棺头宽0.65米,棺尾宽0.53米,棺的外盖及外层均系钢质镀镍,上有花纹,明晃可鉴,内里是一寸多厚晶莹的水晶玻璃,可透视内部,金属外壳与水晶之间衬一层红缎子。经检测,不符合永久保存的条件,这具水晶棺并未使用过,但也算做孙中山的棺柩,是为第二棺。

苏联政府赠送的水晶棺,现保存在北京碧云寺的中山纪念堂。

在南京中山陵兴建期间,孙中山的遗体暂厝于北京西山碧云寺。4月2日下午,孙中山的灵榇移往碧云寺,放入金刚宝座塔的石龛内。据李仙根的日记记载,4月5日"先生再换木柩,镶玻璃。体用油浸防腐,改着麻斜猎装"。此楠木棺为孙中山使用的第三棺。

为准备奉安南京事宜,宋庆龄、孙科决定向美国定购铜棺。1925年8月向美商定购的铜棺运到上海,暂时放在环龙路44号孙中山先生葬事筹备处,宋庆龄看了以后觉得很满意。此棺高0.65米,宽0.8米,长2.24米,价15 000两白银。1927年4月,上海的葬事筹备处迁到南京。1928年12月20日,南京国民政府特派林森、郑洪年、吴铁城赴北京,美式铜棺也随车运往北京。

美式铜棺的外观及内部

1929年5月22日早上7时,迎榇专员林森、郑洪年到寺,指挥护灵处马湘副官督率护灵卫士,谨将灵榇恭移至大殿。8时许,孙科、史蒂芬及宋庆龄先后齐集,孙科、林森、郑洪年、马湘等为孙中山更换内外衬衣及礼服、手套、鞋袜。更衣完毕,由孙科、林森、吴铁城、马湘敬谨扶入铜棺。宋庆龄率家属及亲戚等在旁亲视恭殓,诸人静默示哀,谨敬绕视一周,见铜棺内外位置妥帖,乃由孙科率同卫士封棺,奉置于祭堂。此为第四棺,也是孙中山安葬在南京紫金山所用的棺椁。

14 孙中山先生葬事筹备处

孙中山先生在北京逝世后，灵榇暂厝于碧云寺。北京治丧活动结束后，国民党中央执行委员会决定立即成立葬事筹备处，以便负责孙中山的陵墓建设及安葬等项工作。

4月4日，张静江、汪精卫、林森、于右任、戴季陶、杨庶堪、邵力子、宋子文、孔祥熙、叶楚伧、林焕廷、陈去病12人被推举为孙中山先生葬事筹备委员会委员。4月18日，在上海成都路广仁里张静江家中举行了葬事筹备委员会第一次会议，决定推宋子文、林焕廷、叶楚伧为常务委员，杨杏佛为葬事筹备处主任干事。葬事筹备处最初的地址在上海环龙路（今南昌路）44号弄内4号。葬事筹备委员会的会议主席由各委员轮流担任，葬事筹备处的组织后来发生多次变化。

1925年4月2日，孙中山的亲属在社稷坛大殿灵堂合影留念，以示哀悼。右起：孔祥熙、宋子文、孙科、戴恩赛（孙中山之婿）、宋庆龄、孙治平（孙科长子）、孔令仪（孔祥熙长女）、孙治强（孙科次子）、宋美龄、宋蔼龄

1927年春,国民党北伐攻克南京后,葬事筹备处从上海迁至南京浮桥2号,就近指导中山陵墓的建设。这在宁汉对峙的当时,无疑加重了南京的政治筹码。

4月27日,葬事筹备委员会改聘工程专家夏光宇为主任干事,同年9月18日,国民党中央执行委员会对葬事筹备委员会作了较大调整,改由胡汉民、汪精卫、蒋介石、张静江、谭延闿、程潜、李石曾、蔡元培、许崇智、于右任、林森、谢持、邓泽如、伍朝枢、宋子文、孔祥熙、林焕廷、叶楚伧、杨杏佛等19人为总理葬事筹备委员会委员。这样,连同免去的邵力子、戴季陶、陈去病、陈果夫、杨庶堪在内,先后共有24人担任过葬事筹备委员会委员。但蒋介石、李石曾等人只是挂了个虚名,没有参加过一次会议。

常务委员会也有过调整,后由林森代替宋子文负责工程。干事部的机构也扩大了,下设陵墓工程处、测量工程处、中山陵园和购地处四个机构,分别由留美工程师刘梦锡、测量工程师汤有光、园林专家傅焕光及周仁卿负责。

孙中山先生葬事筹备处直接隶属于国民政府,其职责是:护卫陵墓;管理陵园;办理陵墓工程及陵园建设;办理陵园农林事业;指导陵园内新村之建设等。对于委员会议决的各案,交由常务委员会执行。

葬事筹备处下设一个葬事筹备委员会和家属代表。葬事筹备

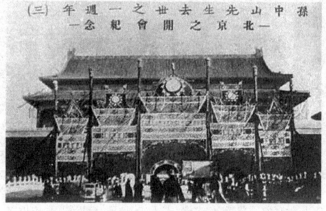

孙中山去世一周年时的悼念活动

处的一切重大工作都由葬事筹备委员会和家属代表会商决定。在葬事筹备委员会下设立一个干事部,负责葬事筹备处的日常工作。干事部设一个主任干事,主任干事之下分设驻沪干事、驻宁干事和驻山监工实习生。干事部是负责办理具体工作的,工作人员领有薪俸,主任干事月薪为500元,葬事筹备委员会委员则是属于义务兼职。

葬事筹备处的职能,主要是主持孙中山陵墓的修建和丧葬事宜。葬事筹备处前期的工作,主要围绕陵墓的选址、设计,以及陵墓主体工程的招标和进行而展开,葬事筹备处后期的组织结构如下:葬事筹备委员会仍是主要机构,负决策之责,非开会期间由常务委员代行职权;干事部由主任干事和职员若干组成,受葬事筹备委员会指挥,根据常务委员的意见处理筹备处的一切事务;另设陵墓工程处(驻山)、测量工程处、购地处、中山陵园,在葬事筹备委员会指挥及主任干事的指导下,分别负责工程、测量、土地收购、园林植被方面的事务。其中,驻山工程处的工程监察员直接受葬事筹备委员会常务委员的指挥,在主任干事指导下开展工作,以确保陵墓工程质量和进度。

葬事筹备处后期的职责,与前期相比有较大扩展。除了继续赶办陵墓工程,园林方面的规划和建设也成了葬事筹备处的重点工作。早在1926年7月,葬事筹备会议就提出了在陵园内设立中山植物园的计划,并推定林业明、陈守一、杨杏佛为筹备委员,只是因为时局和经费方面的制约,未能及时付诸实施。国民政府定都南京后,随着国民党统治秩序的逐步建立,陵园的整体规划和建设也提上了议事日程。

1927年6月,葬事筹备委员会会议决定扩大陵园范围,组织陵园计划委员会,进行整体规划。陵园计划委员会成立后,圈定了陵园界址,制定了整体规划方案。1928年3月,葬事筹备处接管了江苏省立第一造林场,从而将整个紫金山区纳入了陵园范围,开始全面规划陵园内的园林植被事宜。

15 孙中山葬事筹备委员会的委员们

葬事筹备委员会中很多委员在国民党内担任重要职务，有许多人经常不能参加会议。因此决定：只要委员超过半数出席就能开会。凡是有关中山陵建设的一切重要问题，都由委员会讨论决定。葬事筹备委员会不设主席，每次开会临时推定会议主席。国民政府定都南京后，葬事筹备委员会加推蒋介石等7人为委员。人数虽有增加，仍存在难以全体参会的问题。

据记载，从1925年4月葬事筹备处成立，到1929年6月葬事筹备处结束，葬事筹备委员会共计开过70多次会议（其中包括在广州召开的1次会议）。从墓址选择、圈地、征求陵墓设计图案、招标、工程经费、进度，直到安葬的筹备工作等具体事项，都必须经葬事筹备委员会详加讨论研究，作出决定，由葬事筹备处付诸实施。孙中山葬事筹备委员会最初的12名委员及后任委员们，均有一定的资历或身份背景。

张静江生于1877年，浙江湖州南浔镇人，出身于江南丝商巨贾之家，在结识孙中山先生后便开始在经费方面大力支持革命，被孙中山称为"革命圣人"。孙中山去世后，张静江被推举为国民党中央政治会议主席，成为蒋介石的政治靠山。葬事筹备委员会在上海召开的40多次会议中，有20次就是在张静江的家中，其中好几次重要会议都是他主持并提出重要意见的。

张静江

张静江收藏丰富、鉴赏亦精，字师从赵孟頫而略变，其篆书在国民党内非常有名，但从不轻易给人写字，故世间流传极少。中山陵墓室的门上"孙中山先生之墓"及祭堂门外拱形额枋上"民族""民权""民生",共13个篆字均为张静江书写。

此外,葬事筹备委员会中工作做得最多的当属林焕廷、叶楚伧、林森等人。

林焕廷生于1880年,广东顺德人,曾任中国国民党财务部部长。他在葬事筹备委员会中是负责财务的常务委员,中山陵建设的大宗经费都是由他经手管理的,经费预算详细、完整、严谨,分类细致。正因为他担任的工作特别繁重,为此,在武汉举行的有宋庆龄、孙科等家属代表参加的葬事筹备委员会会议上特别决定,给林焕廷每月补贴200元,其他葬事筹备委员会委员一律是义务兼职,没有薪给。1933年在北伐阵亡将士公墓紧张施工期间,林焕廷不幸病逝。

林焕廷

叶楚伧生于1887年,祖籍周庄,自小在周庄长大,身材魁梧,与南社老大陈去病是表兄弟。早年参加同盟会,创办报纸支持革命。1924年1月,被选为国民党第一届中央执行委员,并任国民党上海执行部常务委员兼青年妇女部长,后任国民政府委员,江苏省政府主席,国民党中央党部宣传部长、秘书长,中央政治会议秘书长。1935年任国民政府立法院副院长。1946年在上海病逝。

叶楚伧

林森是葬事筹备委员会中负责工程的常务委员,还兼任陵园计划委员会委员,直接负责陵园的整体规划。葬事筹备处的主任干事,受葬事筹备委员会的领导,并根据常务委员的意见处理筹备处的具体事务。葬事筹备委员会不设主席,由各委员开会时临时推选会议主席,实行集体负责制。葬事筹备委员会的日常事务由主任干事负责。

16 前后两任葬事筹委会主任干事

在中山陵园的筹建历史上，葬事筹委会的主任干事前后有两位，他们都劳苦功高，在陵园建设史上留下了浓墨重彩的一笔。

前期的主任干事杨杏佛，生于1893年，原名杨铨，江西玉山人。年轻时先后在美国康奈尔大学和哈佛大学留学，攻读机械工程，回国后曾任南京高等师范学校教授、东南大学工学院院长等职。1924年辞去职务赴广东追随孙中山先生，担任孙中山先生的秘书。

杨杏佛

孙中山逝世后，杨杏佛被推为孙中山葬事筹备处主任干事，为中山陵的筹建付出了大量的心血。从选址、征地、征求图案、招标，到处理纠纷，解决细节，几乎每件事情都有他的参与。尤其值得称道的是他在陵墓招标工作中表现出的廉洁负责精神，值得后人学习。中山陵墓最初的工程费定为30万两白银，到1925年11月招标时，定在50万两白银左右，这在当时可以说是一项可观的工程了。

因此，不少营造厂商以为有利可图，纷纷想找门路承揽这项工程，许多人把目光盯住了担任葬事筹备处主任干事的杨杏佛，然而他们在杨杏佛面前却碰了壁。这样，一些不法厂商另想办法，他们纷纷把财物送到杨杏佛家中。杨杏佛的夫人赵志道不肯接受，却又推不掉，杨杏佛回来后知道了这一礼品的清单。到公开招标之日，杨杏佛将所有的礼品以及清单全部在会上展出，这一来，那些送礼的不法厂商只好收回自己的礼品，溜之大吉。剩下没有送礼的七家营造厂公开参加投标，最后由经验丰富、实力雄厚的姚新记

20世纪30年代初,民权保障同盟成员聚会(右起:宋庆龄、杨杏佛、黎沛华、林语堂、胡愈之)。

营造厂中标承建。这件事情发生后,葬事筹备委员会作出决定,规定"委员会及筹备处职员,不得有收受回扣及任何馈赠之事"。

蒋介石发动"四一二"反革命政变后,杨杏佛以中国济难会名义极力接济和营救革命者,被国民党当局撤职。1932年12月,杨杏佛与宋庆龄、蔡元培等著名人士在上海发起组织中国民权保障同盟,任总干事,并组织营救了不少被关押的共产党人和爱国人士。1933年6月,杨杏佛被特务杀害。

1927年4月,夏光宇接替杨杏佛,出任孙中山先生葬事筹备委员会主任干事。夏光宇生于1889年,上海青浦人,早年入北京大学攻读建筑学,毕业后就职于交通部门,是一位很有才干的工程专家,曾任交通部技正、路政司科长、广三铁路管理局局长等职。他担任孙中山先生葬事筹备处主任干事以后,为完成中山陵的第二、第三部工程,做了不少有益的事。吕彦直原来设计的中山陵图案并没有很长的甬道,牌坊就在陵门广场前。夏光宇提议在陵门前增加一条甬道,将牌坊移到甬道南端。葬事筹备委员会接受了他的建议,甬道不但在视角上增加了陵墓的

夏光宇

深度,而且甬道两侧高大的松柏更增添了陵墓的庄严肃穆气氛。事实证明,夏光宇的这一建议是非常正确的。

中山陵建成后,夏光宇又任总理陵园管理委员会总务处处长,为中山陵的建设做出了重要贡献。1929年的迎榇奉安大典,奉国民政府令,任陵墓事务指挥。此后先后兼任首都阵亡将士公墓委员会常务委员、谭延闿墓工程委员会委员,后任全国运动大会筹备委员会委员兼主任干事,首都建设委员会专门委员,交通部扬子江水道整理委员会委员,铁道部参事,业务司司长,新路建设委员会委员、代理委员长,粤汉铁路整理计划委员会主席委员等职。1970年在台北逝世。

干事部下设有四个部门:一是陵墓工程处,专责监督、管理陵墓工程的进行;二是测量工程处,负责测量陵园地形、勘测陵园道路地界、绘制陵园详图;三是中山陵园,接收造林场,办理园林事业,负责陵园的园林规划、绿化造林等工作;四是购地处,担任收购土地、树木、房产等项工作。四个部门分别由留美工程师刘梦锡,测量工程师汤有光,园林专家傅焕光、周仁卿等具体负责。

正因为有了这样一批方方面面的专家,葬事筹备处才能够在短短的几年内完成了中山陵这样一个在民国初年堪称中国最伟大的工程。

中山陵的设计征稿

中山陵在选址、圈地的同时，葬事筹备处开始征求陵墓图案。中山陵是一项具有历史意义的重大工程，陵墓设计图案至关重要，由谁来设计呢？葬事筹备委员会委员和家属代表多次商量后，决定采用对外公开有奖征集陵墓设计图案。

国民党人试图通过这种方式，展现一种民主、开放、求新的姿态。葬事筹备处诸人包括孙科、宋庆龄等，都强调墓址地点应该"高于明孝陵，并且不可在更高处建墓"。结果建成后的中山陵海拔158米，比明孝陵高出90多米。

孙科提出择墓地有三点:1.安全;2.交通便利,为吊者来祭之便;3.墓之附近应有地数百亩,以为建筑纪念品之用。葬事筹备处决定实行悬奖的办法征求陵墓设计图案，公开登报，向全世界的建筑师和美术家广泛征求设计图，并定建筑费以30万两白银为限。

1925年5月13日，葬事筹备处第五次会议，议定用陵墓和祭堂两个名称，并通过"征求陵墓图案条例"，共15条，归纳起来为如下四点：一是体现鲜明的、独特的纪念性，而且能长久保存；二是具有公共性和大众参与性，应该便于人们前往观瞻，而且便于举行大规模的纪念活动；三是糅合中国传统建筑风格与西方建筑技术；四是简朴庄严，墓室不要过于奢侈华贵。

对外公布的奖金额是：美术家应征者只交了陵墓图画，未附有建筑详图的，一等奖1000元，二等奖750元，三等奖500元。建筑师应征者交有全部建筑详图的，一等奖2500元，二等奖1500元，三等奖1000元。

到9月15日为止，葬事筹备处共收到海内外应征设计图案40余种，全部陈列于上海四川北路大洲公司三楼。葬事筹备处还特别邀请了土木工程师、南洋大学校长凌鸿勋，德国建筑师朴士，中国画家王一亭，雕刻家李金发等四位专家担任评判顾问，请他们阅览后写出书面评判意见。建筑学家赖德霖指出：这一人员组合显示了葬事筹备处的周密考虑，即在竞赛中平衡艺术与技术、本土艺术与外来艺术，以及中国性与国际性之间的关系。

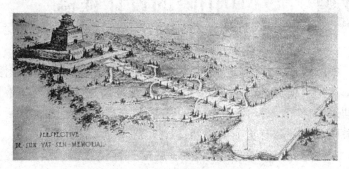

二等奖范文照的设计图

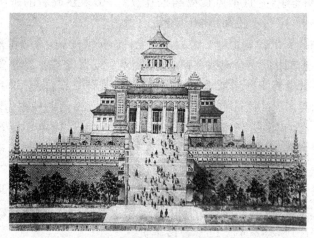

三等奖杨锡宗的设计图

9月20日，宋庆龄、孙科等孙中山家属与葬事筹备委员会委员林焕廷、叶楚伧、孔祥熙、陈去病、主任干事杨杏佛等在大洲公司三楼举行联席会议，对应征设计图案进行逐一评判。结果，参加会议的人和评判顾问的书面意见一致评定青年建筑师吕彦直设计的警钟形中山陵图案获一等奖，二等奖设计者是范文照，三等奖设计者是杨锡宗，还有七位名誉奖。名誉奖中除了第二名赵深外，其余全部都是外国工程师。

18 英年早逝的中山陵设计师吕彦直

中山陵的设计方案最终中标者是吕彦直,这位时年32岁的年轻人当时名不见经传。

吕彦直于1894年出生在天津,清华大学建筑系毕业后,被公费派到美国康奈尔大学深造,得到美国著名建筑师墨菲的指导。回国后,在上海开设"彦记建筑事务所"。吕彦直设计的中山陵墓,平面图呈警钟形,给人以警钟长鸣、发人深省之感。孙中山在临终遗嘱中说他致力于国民革命四十年,"深知欲达此目的,必须唤起民众"。吕彦直的警钟形设计图案,最贴切"唤起民众"之意,寓意深刻。

从设计图形来看,祭堂外观给人庄严肃穆之感,祭堂和墓室分开,祭堂在前,墓室在后,使用祭堂时,墓门可以不开。墓室为圆形,墓圹一周筑有石栏,便于谒陵者依次瞻仰。墓穴在地下,即使地面建筑被毁,孙中山遗体也不会受损。整个建筑朴实坚固,合于中国观念,又糅合了西方建筑精神,符合孙中山的精神和气概。

吕彦直对东西方建筑艺术都有相当精深的研究,是当时中国建筑界一位杰出的青年建筑师。受聘为中山陵的建筑师之后,吕彦直负责草拟所有工程合同、制订所有工程用图和工程条例、解释工程用图和工程条例中的一切疑难问题、审核工程用料、督查指导工程进行、编记工程账目、负责工程验收、签发工程付款证书、裁决工程进展中出现的所有加账延期损失等纠纷。

陵墓建设前期,葬事筹备处与施工方的种种居间交涉都由他进行。陵墓建设后期,大局已定,国民党对中山陵的建设

中山陵设计者吕彦直

更加重视，吕彦直对中山陵也投入了更多的精力，一度亲自驻在工地监工。

吕彦直因中山陵的设计而声名鹊起，并担任中山陵建筑师，后来又设计了广州中山堂和纪念碑。但在中山陵主体建筑即将落成之前，吕彦直因患肠痈，于1929年3月18日在上海去世，年仅35岁。

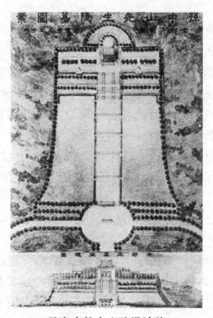

吕彦直的中山陵设计稿

1929年4月，葬事筹备委员会会议决定，同意在中山陵祭堂奠基室内为他刻碑志记。6月11日，南京国民政府发布褒奖令："总理葬事筹备处建筑师吕彦直，学识优长，勇于任事，此次筹建总理陵墓计划图样，昕夕勤劳，适届工程甫竣之时，遽尔病逝，眷念劳勋，惋惜殊深，应予褒扬，并给营葬费二千元，以示优遇，此令。"

1930年5月，总理陵园管理委员会决议，在陵墓奠基室内为吕彦直立纪念碑，上刻吕彦直头像，下刻碑文："总理陵墓建筑师吕彦直监理陵工，积劳病故。总理陵园管理委员会于十九年五月廿八日议决，立石纪念。"

有人说，吕彦直就是为设计中山陵而生。

19　中山陵奠基礼上的政治风波

　　1926年3月12日,是孙中山先生逝世一周年纪念日,也是中山陵举行奠基典礼的日子。为搞好这次纪念活动和奠基典礼,国民党有关方面煞费苦心,左右协调,希望能圆满完成,可是因不可调和的左派和右派的矛盾,最终还是酿成了一起影响恶劣的政治风波。

1925年11月23日,在孙中山停灵的西山碧云寺,邹鲁、谢持、林森等12名国民党人开会,反对容共政策。这些人被称为"西山会议派"。图为碧云寺开会情景。

　　国民党左派南京市党部曾几次派人同右派南京市党部联系,邀请他们共同举办纪念活动,却遭到拒绝。右派南京市党部为力争在国民党党内的正统地位,抢先成立了孙中山先生逝世一周年纪念筹备处。这样,左派南京市党部也不得不邀请一些团体成立了另一个孙中山逝世一周年纪念筹备处,两个筹备处各自分头准备纪念活动。
　　3月9日,广州中央党部电令上海孙中山先生葬事筹备处与江苏省党部及沪宁各级党部联合组织一个孙中山逝世一周年纪念大会,葬事筹备处连夜开会,决定请南京的两个纪念筹备处合并为一，葬事筹备处也加入，共同筹备。但是合并的计划没有成功，于是葬事筹备处决定参加左派南京市党部及省党部组织的纪念会。

1926年3月12日，在南京紫金山举行了孙中山陵墓奠基典礼，宋庆龄、孙科、邓泽如、杨杏佛等各界人士数千人参加了典礼。

3月10日，宋庆龄、孙科以及广州国民党中央党部代表邓泽如，葬事筹备委员会委员叶楚伧、林焕廷等抵达南京，左派和右派两个南京市党部都派人到下关车站迎接，但两派的欢迎口号却互相对立，左右两派相互独立，各自行动。

3月12日下午3时，中山陵墓奠基典礼在紫金山中茅山南坡按时举行，虽然天降大雨，各界代表仍然踊跃参加。到会的有广州国民党中央执行委员会、国民政府代表邓泽如，孙中山家属宋庆龄、孙科，葬事筹备委员会、葬事筹备处成员，各省、区国民党党部代表，上海运输工会、洋服工会、纺织工会等组织的工人代表，苏联驻上海总领事林德，英国、日本、美国等国家驻南京领事，江苏省实业厅厅长徐兰墅(代表江苏军政首脑孙传芳、陈陶遗)，第三师第六旅旅长斯烈(代表浙江省省长夏超)，以及南京、上海各机关、团体、学校的代表、各地新闻记者等，共约3 000人。

3时许，奠基典礼开始，邓泽如主持，叶楚伧任司仪。奏乐、升党旗后，全体到场人员向孙中山遗像行三鞠躬礼，杨杏佛等人分别

19 中山陵奠基礼上的政治风波

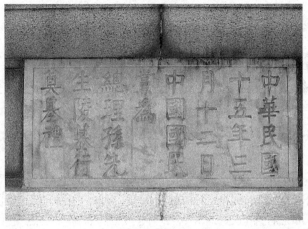

中山陵奠基石

讲话，宋庆龄、孙科向全体到场人员答谢，大家高呼口号："孙先生不死！""孙先生主义万岁！"典礼在乐曲声中结束。

奠基典礼仪式刚刚结束，现场人员还没来得及散去，右派南京市党部的人群中突然响起警笛，高喊"打倒跨党分子！""孙文主义学会万岁！"等口号。左派南京市党部的队伍立刻回击，振臂高呼："打倒西山会议派！""打倒孙文主义学会！"此时，右派南京市党部的暴徒突然用事先预备好的铁棍、木棒在左派队伍中乱打，双方扭成一团，会场秩序大乱，许多来宾纷纷逃散。

国民党右派分子在奠基典礼上的暴行引起了广大正直的左派国民党员和共产党员的强烈愤慨，并认为葬事筹备处在奠基典礼事件中负有一定责任，他们要求严惩凶手，改组葬事筹备处。

3月13日下午，宋庆龄、孙科、邓泽如、叶楚伧等同车返回上海，连夜商讨处理办法，决定以葬事筹备处的名义致电广州中央党部并在各报刊登启事，声明"葬事筹备处专任葬务，葬务以外之事概不预闻"。孙科还在报上刊登《孙科启事》，声明"科此次来沪专为举行先君陵墓奠基典礼，事毕即返，一切政治党务皆未暇过问"。

为保证陵墓工程不受动荡的政治时局影响，葬事筹备委员会随即作出决议，特地声明"筹备处委员会受广州中央执行委员会与国民政府之指挥"，地址迁往法租界陶尔斐斯路24号，以示与环龙路44号西山会议派的中央党部不发生关系。

20 中山陵历时 6 年完工

中山陵工程浩大,受经费限制,全部工程分三部进行,从 1926 年 1 月开工,到 1932 年竣工,前后用了 6 年时间。

第一部工程由上海姚新记营造厂得标承建。陵墓动工后,由于军阀割据,政局混乱,工程进展缓慢。1926 年春动工兴建,按合同第一部工程应该于 1927 年 2 月底完工,实际却延迟至 1929 年 3 月才竣工。

第二部工程由上海新金记康号营造厂中标承包,负责水沟、石阶、护壁、挖土、填土等次要工程,合同规定在 1928 年 12 月 26 日前完工,因此时国民政府已定都南京,时局安定,工程进展也比较顺利。

在陵墓工程进行的同时,陵园的园林建设也同步进行。南京国民政府定都南京后,葬事筹备处聘请各方面专家成立陵园计划委员会,并经江苏省政府同意,接收了江苏省立第一造林场,把紫

正在进行中的石阶工程

金山全部划入陵园范围,在全山开展植树造林活动,并在陵墓栽植观赏花木。到1929年奉安前为止,陵墓两侧已植树3 134株,墓后平台铺草皮500余平方米,栽植菊花6 500余盆,还有其他观赏植物3 000余株,陵墓景色初见端倪。

建造中的中山陵祭堂

奉安大典告成后,中山陵工程仍需进一步完善。第三部工程包括碑亭、陵门、大围墙、牌坊、卫士室等建筑,由上海陶馥记营造厂中标承建,于1929年8月底正式开工,1932年1月15日正式验收。至此,三部工程全部竣工。当初悬奖征求陵墓图案时规定陵墓建筑费在30万两白银以内,实际上到第三部工程完工时,共耗费240余万两白银。

中山陵设计之精湛、建造之精良,素为中外人士盛赞。陵墓的设计者吕彦直一般为世人所知,承建中山陵的姚新记营造厂、新金记康号营造厂、陶馥记营造厂这三家建筑公司(时称营造厂)却鲜为人知。它们均系民国时期著名的建筑公司,它们共同为中国建筑史留下了一件可贵的历史作品。

21　倒贴承建的姚新记营造厂

中山陵的施工建筑,是一项规模庞大的工程。孙中山先生葬事筹备处决定工程分三部进行,并采用投标法,确定一家建筑公司承包其中的一部工程。这些承包中山陵工程的营造厂,并没有固定的工人,一般只有一个办公室,少则几名职员,多则20名左右的职员,管理效率却相当之高。规模大的营造厂,也有一些施工机械。营造厂得标以后,把施工任务分工种由大包、中包,一层层转包到小包(即工种领班),最后由小包临时招募工人,并直接指挥工人施工。

运石工人

在许多家参与修建中山陵的营造厂当中,最早承包中山陵工程的是上海的姚新记营造厂。1925年12月,和孙中山先生葬事筹备委员会签订好合同以后,姚新记营造厂挑起了中山陵墓室、祭堂的建设重任。姚新记营造厂立即组织人马,开赴南京紫金山,安营扎寨,开始了艰巨而紧张的建陵工作。

姚新记营造厂在上海已负盛名。厂主姚锡舟生于1875年，上海川沙人。家境艰难，幼年失学。11岁即到上海租界独自谋生，贩过瓜果，为洋人拣过网球，当过外国坟山守夜。1893年在租界当马路小工，因其勤奋被擢升为班首，并得到上海营造业前辈杨斯盛的指教，因而营造技术提高得很快。1899年，姚锡舟创办了姚新记营造厂，承建了不少重要的建筑工程。上海电话大厦、杨树浦纱厂、上海造币厂、中孚银行大厦、法国总会、南京和记洋行（即今南京肉联厂）等，都是由他承包修建起来的。

位于南京东郊的中国水泥厂，也是1921年由姚锡舟出资，得到实业界胡耀庭等人的支持赞助而筹建的。后来，中山陵工程中使用的泰山牌水泥，就是这个厂的产品。到1925年，姚新记已是一家经验丰富、名闻遐迩，具有雄厚资本的营造厂了。

姚新记营造厂事先已经预料到，承担中山陵工程不会得到多大的利润。他们和葬事筹备委员会签订的合同上写明，开工一个月以后，姚新记按月向业主领取款项，到工程全部结束，总共可以得到44.3万两银子。

这个数字看上去似乎很大，其实并不多。当时是工料兼包的，姚新记作过估价，仅为中山陵工程采购石料这一项，就要花费20多万两银子。合同还规定，到时不能竣工，每迟一天，姚新记就要被罚50两银子。在战事频繁、时局不稳的情况下，担负建陵工程几乎无利可图，甚至还有很大的风险。他们之所以决心承担建陵工程，主要是出于对一代伟人孙中山先生的敬仰。

在姚新记开工以后，一个个困难就接踵而来。由于中山陵的墓室建筑在海拔158米高的山坡上，所有的建筑材料、施工设备、用水全得靠人工运到山上。仅运水这一项，每天就要动用200个民工。大批石料、钢条、水泥、砖和石子，也是伴随着艰辛和风险运到工地的。那几千吨的香港花岗石、苏州金山花岗石和青岛大理石，均分别从产地运到南京。意大利的850吨石料，先要从意大利用轮船装运，远涉重洋，经香港转运到上海，再由上海经火车运达至南京，然后用人工送到施工现场。

除了这些客观存在的困难以外，还有很多人为的阻力。当时，南京军政当局数易其人，极端混乱，交涉异常困难。对陵工用料，海关要收税，铁路局不但不给运输，还勒索巨款。

碰到风云突变，军阀开战，交通中断，陵墓工程所急需的材料便常常不能按时运到。更有甚者，陵墓工程上用的材料和车辆，有时在半路上竟被军阀和土匪抢走，押运材料的人员也被拉去当民夫，工人们纷纷逃散。姚新记营造厂所受到的损失，是相当严重的。

即使在国民革命军占领南京以后的一段时间里，车路拥塞、交通困难的情况也仍然存在，因而陵墓工程进行得非常缓慢。根据合同，姚新记营造厂有几个月未领到葬事筹备处的一两银子。

营建中的墓室

1927年春天，葬事筹备处由上海迁到南京，请国民革命军总司令蒋介石发布告示，保护陵土。筹备处又请海关免收陵工材料的关税，并在运输材料的火车上加盖印有"南京孙中山先生陵工材料"字样的篷布，沪宁路局及兵站交通处及时挂车给运。这样，运输情况才有了好转。

中山陵的建筑师吕彦直，对姚新记营造厂施工中的用料和施工技术，要求都极其严格，一切都要按照他的设计要求去办。吕彦直开始时还在上海的"彦记建筑事务所"办公，所以姚锡舟有"工程在宁而取决于沪，不免疲于奔命"之叹。施工中碰到的有些问题，有时不但要经吕彦直审阅，甚至还要报告给林森批准。

姚新记所担任的建陵工程，原计划在1927年3月16日前竣工，实际上直到1929年春天才全部完成，比合同规定的时间延迟了两年多。在紫金山中山陵墓工地上的三年里，姚新记营造厂的工人们风餐露宿，奋力施工，吃尽了千辛万苦，最后还亏本14万多两的银子！国民政府主席林森曾对姚锡舟这样说过："先生这次为总理陵寝出了力，亏了本，国民政府是知道的。"

建造中的祭堂

姚新记营造厂虽然在经济上蒙受了巨大的损失，但他们做出的贡献，却是无法用金钱来计算的。1928年12月13日，孙中山先生葬事筹备委员会决定，由葬事筹备处立"中山先生陵墓建筑记"的石碑，把姚锡舟和吕彦直的名字，一起刻入碑文之中。虽然这块石碑后来没有立，但姚新记营造厂和姚锡舟的名字，已经载入了中山陵的史册。

姚锡舟还是一位爱国者，"八一三"淞沪抗战中，曾捐款设立临时伤兵医院。日军侵占南京后，他断然拒绝与日本军方及三井财团"合作"经营中国水泥厂。他还热心于慈善事业，曾两次捐款设立难民收容所。他一生勤奋好学，博闻广识，英语口语十分流利，管理企业井井有条。他重视培养人才，除送其子根德、怀德、福德、润德去德、英、美、瑞士等国学习水泥、机械、纺织等专业，以求深造外，还曾资助本公司王涛等有志青年赴德国留学。1944年，姚锡舟去世。

22 承建第二部工程的新金记营造厂

第一部工程,即墓室、祭堂开工以后,政治风云的变幻,给交通运输带来的重重困难,使建陵工作进行得非常缓慢。眼看第一部工程不能按期完成,孙中山先生的亲属和葬事筹备委员会委员们万分焦急。他们决定第二部工程也尽快开工,把石阶、左右围墙、碑亭、陵门、牌楼等一起建成,以求早日把孙中山先生的遗体迎回南京安葬。

1926年10月,第二部工程的招标广告出来以后,开标的结果久久未能公布。原来,投标的各营造厂看到时局混乱,物价浮动,困难重重,所以定的标价都相当高,其中标价最低的,也大大超过了建筑师事先的预算。当年12月,葬事筹备委员会决定把开标情况保密,将保证金发还各家营造厂,延期第二部工程的进行,并请中山陵的建筑师吕彦直更改图样,把第二部工程再分成几部分来进行。

中山陵后期建造中的牌坊

到1927年6月27日,林业明、叶楚伧、陈果夫、杨杏佛、夏光宇等人,以及孙中山先生的女婿戴恩赛、建筑师吕彦直,在南京重新讨论第二部工程的招标。当时大江南北处于战争的烽烟笼罩之下,经费也十分困难,招标之事仍然进行不了。一直到10月5日,招标广告才见诸报端。

孙中山先生葬事筹备处的主任干事夏光宇,负责在上海接洽第二部工程的招标。1927年10月27日,蔡元培先生在南京主持了第二部工程的开标,孙科、林业明、杨杏佛、吕彦直、夏光宇都到会。这次共有5家营造厂投标,经过讨论,决定由上海新金记康号承包。会后,夏光宇又到上海与新金记康号接洽第二部工程的价格,磋商合同的订立。中山陵第二部工程由新金记康号营造厂以最低造价中标。

新金记康号营造厂厂主康金宝生于1882年,上海南汇人。祖上务农,早年丧父,家贫,靠母亲耕织难以维持生计。十多岁即到上海姚新记营造厂做小工,工余时自习泥工技艺,被同乡老泥工陆金生看中,收其为徒。康勤学不懈,技术提高得很快。

1904年,康金宝常居上海做泥工小包,多承建姚新记营造厂的水作工程,如崇明大通纱厂等,同时常兼任施工管理之职,其间曾率徒赴天津、南京两地及粤汉铁路施工,以质量好、速度快,深得雇主、业主、工程师的赞许。后因与新金记营造厂的合伙人之间意见不合,康金宝遂独创新金记康号营造厂。

中山陵第二部工程于1927年11月开工,主要是挖土、填土、水沟工程、石坡工程、撑墙工程、石阶工程及平台铺石工程等。厂主康金宝将资金和人员调到南京,亲自到苏州挑选石材,亲临现场指挥施工,来回奔波于沪宁线上。康金宝本人是泥水匠出身,施工经验丰富,加上当时国民政府已经定都南京,陵工材料的运输、工人的召集都比第一部工程开工时方便多了,因而工程进展顺利。

历时3年,新金记康号营造厂按照合同规定的时间,到1929年春天全部竣工完成了陵墓390余级花岗石台阶等其他工程。在姚新记营造厂承包第一部工程亏损14万多两银子的情况下,新金记康号营造厂还赚了几万两。从此,新金记康号营造厂名声大振。其后康金宝在陵园内又建造了中山陵9号"美龄宫"(又称"小红

中山陵落成后，总理奉安委员会印制的宣传品。

山"国民政府主席官邸)、林森别墅等。

1937年抗日战争爆发，康金宝迁居西南后方，在湘西、云南、贵州、广西等地建造厂房、住宅、桥梁和湘黔、黔桂铁路隧道等工程。抗日战争胜利后，又承建汨罗江、东江二大桥工程，后回到上海。由于他富有胆略，善于经营，企业规模不断扩大，到40年代末，已拥有现代化建筑机械设备和一批具有高度技术素养的专业人才。

中华人民共和国成立后，康金宝应中南军政委员会工业工程公司的邀请，亲率全厂员工前往武汉，参加社会主义建设，先后奋战在湖北、湖南、江西3省重点建设工地上。在举世闻名的荆江分洪工程中被评为甲等功。1955年因积劳成疾，才告老回沪。1974年12月病逝于上海，享年92岁。

在中山陵的一、二期工程紧锣密鼓进行的同时，孙中山的奉移事项也在筹备之中。

23 孙中山奉移南京的前期筹备

1928年,随着北伐战争的胜利和中山陵墓工程的积极进行,国民政府于11月9日发布第51号训令,批准国民党葬事筹备委员会的建议,决定于1929年3月12日中午在南京紫金山举行奉安典礼,特派林森、郑洪年、吴铁城等人,驰赴北平,迎榇南下。

12月20日,林森等携带从美国订购的铜棺北上,于23日夜到达北京,在北魏胡同17号郑洪年私宅设立迎榇专员办事处,积极开始着手准备。

1929年1月26日,林森等电告铁道部部长孙科,放入碧云寺的铜棺长2.24米,宽0.8米,高0.65米,以便置办南下灵车有所

迎榇专员林森、郑洪年、吴铁城赴北京迎接中山先生的灵榇南下。

规划。从北平南下的路线原定由平汉路至郑州转陇海路、津浦路南下，迎榇专员办事处请平汉铁路局负责修造的灵车，由汉口江岸机车厂于1928年12月开工制造，至1929年2月20日完工。

1929年1月14日，南京国民政府下令公布了《总理奉安委员会章程》，正式组成奉安委员会。上至政府主席蒋介石，下至南京特别市市长刘纪文，包括迎榇专员之一林森在内，共28名机要人物充当委员，分成总务、文书、财务、布置、警卫、典礼、招待、交通8个组，后来又增设卫生组，共9个组，参与筹划奉安大典事宜。

奉安宣传资料

17日，委员戴传贤、孙科、叶楚伧在国民党中央常委会191次会议上提出《总理奉安之纪念与宣传办法》，获得通过，其中包括安葬日纪念办法、全国举行总理安葬纪念大会、沿途各地举行迎榇纪念大会、南京举行迎榇纪念大会、北平举行送榇纪念大会以及组织迎榇宣传列车等宣传计划。

24日，孔祥熙提出奉安宣传由中央宣传部办理。随后，奉安委员蔡元培又提议，添设总理奉安专刊编纂处，会议通过编辑《奉安特刊》《奉安须知》等刊物。

特别组织的迎榇宣传列车计划周身漆满青白色迎榇宣传标语、国民革命标语及国民党党徽等图画，系挂电灯与青白色花球，

修建中的"中山大道"

车首安置总理遗像及党国旗,车内悬贴总理遗嘱、有关总理的各种画片、照片、文字等,由首都南京开出,经蚌埠、徐州、泰安、天津各站,到达北京,在灵车南下前南归。开赴北京途中,沿途停站,任人围观,由宣传员向群众讲演迎榇之重大意义,散发各种迎榇宣传品,播放革命影片及总理演说,实际还表演魔术,上演各种宣传国民革命的新剧等,吸引了大批民众,取得了良好的宣传效果。

为配合灵榇南来,南京同时也在修筑迎榇大道,大道起自下关江边的中山码头,经鼓楼、新街口、中山门直达中山陵,全长15千米。由于进展缓慢,奉安典礼未能如期在3月举行,而最终定在了当年6月1日。这条"中山大道"成为南京的城市轴线。

在此过程中,奉安委员会于4月份制定了奉安典礼参加的人员以及奉安的仪式与方案。参加奉安典礼的人员被划分成5类:一是党部人员,二是政府人员,三是学校人员,四是民众团体,五是海外华侨。奉安仪式、方案也分成5个部分,分别规定了迎榇、公祭、奉安按照一定的秩序,奉安日南京市民需要注意若干事项,参加迎榇、公祭、奉安也要注意一定事项,军乐队的编配以及行列中部队的编配情况等,尽可能做到详尽细致。

24 奉安大典的四次延期

南京中山陵兴建之初,葬事筹备委员会原定计划一年完工,第二年即1927年3月12日孙中山逝世两周年之际举行安葬典礼,这是第一次确定的安葬日期。在1926年3月12日举行的中山陵奠基礼上,主任干事杨杏佛宣布了这一日期。由于时局动荡,中山陵工程进展缓慢,不可能实现。

1929年,南京明城墙的朝阳门改名为中山门。

至1927年3月北伐军兵临南京城下,24日攻克南京。原定的计划未能实现,陵墓工程远没有完工。1928年3月2日,葬事筹备委员会召开第57次会议,决定这年11月12日孙中山诞辰62周年时举行安葬典礼,这是第二次预定的安葬日期。

不久,国民党二次北伐占领天津、北京。1928年6月18日,国民党中央执行委员会派蒋介石赴北京,斟酌情形,决定移灵事宜。8月7日在国民党召开的二届五中全会上决定,1929年1月

1日为孙中山安葬日,这是第三次预定的安葬日期。

然而,中山陵工程进展缓慢,葬事筹备委员会又呈请国民党中央,将奉安日期改为1929年3月12日,即在孙中山逝世四周年举行安葬,获得批准,这是第四次预定的安葬日期。为奉安专门铸造的奉安纪念章就镌刻着3月12日的日期,因安葬日期的再次变动而来不及重新制作。

奉安纪念章背面的安葬日期为1929年3月12日

奉安日期虽然定了下来,不料,南京的移榇大道建设(即由江边直达中山陵的马路)却因连续雨雪,工程进度受到影响,原定于3月12日举行奉安大典的计划又未能实现。南京市长刘纪文要求延期举行奉安大典。

后经奉安委员会研究决定,奉安日期又改为1929年6月1日,并将这一决定向全世界通告,这是第五次预定的安葬日期。孙中山安葬日期的多次变更表明了时局的动乱和国家工程建设的不易。

万事俱备,孙中山的遗孀宋庆龄却在欧洲,迟迟没有回国,她是奉安大典中不可缺少并不可替代的重要人物!

25 宋庆龄回国参加奉安大典

孙中山先生逝世后,宋庆龄坚决维护、忠实执行"联俄、联共、扶助农工"的三大政策,同违反孙中山革命原则的反动势力进行了不懈的斗争。1926年,宋庆龄在国民党二大上高票当选中央执行委员。

1927年上半年,正当大革命蓬勃高涨的时刻,国民党内的右派势力背叛孙中山的革命原则,大肆屠杀共产党人、爱国进步人士和劳苦大众。"宁汉合流"后,宋庆龄义愤填膺,毅然发表了《为抗议违反孙中山革命原则和政策的声明》,宣布与"宁汉合流者"决裂,"暂时隐退"。

8月下旬,宋庆龄为进一步探求革命道路,实现孙中山的遗愿,乔装赴苏,受到了斯大林和其他领导人的亲切接见。年底,宋庆龄离苏,侨居于德国柏林。在此期间,宋庆龄积极参加了一系列重要的国际反帝活动,成为世界反法西斯委员会的主要领导人之一。

1929年,宋庆龄在德国接到国民政府的电报,称南京中山陵已经建成,请她回国参加孙中山先生的安葬仪式。蒋介石想利用这次机会,把回国后的宋庆龄当做招牌欺骗公众。在蒋介石的敦促下,宋家派宋子良前往柏林迎接宋庆龄。

宋庆龄坚决拒绝了宋子良转达的"不发表反对国民党声明"的政治条件,决定回国参加奉安大典。5月6日,宋庆龄在柏林发表了《关于不参加国民党任何工作的声明》,粉碎了蒋介石的阴谋。

5月17日,宋庆龄抵达沈阳,受到张学良的热烈欢迎。宋庆龄感谢张学良保护了孙中山先生的灵柩。张作霖、张学良父子与孙中山先生、宋氏家族交往颇深。当晚7时许,在张学良的亲自护送下,宋庆龄离开张氏帅府,登上开往北平的列车。

孙科和夫人陈淑英专程迎接宋庆龄到北平。5月22日,宋庆

25 宋庆龄回国参加奉安大典

宋庆龄专程回国参加孙中山的奉安仪式。

宋庆龄回国参加奉安大典，与蒋介石始终保持距离。

龄到香山碧云寺亲视孙中山遗体重殓易棺，后随灵榇南下抵达南京。奉安前一天，孙科和蒋介石、孔祥熙一同亲自为孙中山的灵柩封棺，奉安时，宋庆龄、孙科、戴恩赛一道亲自将墓门关闭。

6月1日这天，以孙中山继承人身份主祭的蒋介石受到当头一棒，美国《密勒氏评论报》刊登了宋庆龄在柏林发表的声明。

宋庆龄参加孙中山的奉安大典后，离开南京，回到上海莫里哀路寓所居住，闭门谢客。戴季陶受蒋介石之命赴沪请宋回京。宋庆龄严厉说道："我对于政客的生活不适合，况且我在上海都没有言论自由,难道到了南京可以希望得到吗?"并宣告:"使我不说话的唯一办法,只有枪毙我,或者监禁我。"

1930年初,宋庆龄再度赴欧。1931年9月5日,宋庆龄由上海到南京时,祭扫了中山陵墓。1932年7月11日,宋庆龄从上海到达南京,赴紫金山中山陵谒陵。谒陵后前往江宁地方法院看守所,探视被南京国民政府监禁的牛兰夫妇。10月31日,宋庆龄从上海到南京,再次赴中山陵谒陵。

1949年10月,担任中央人民政府副主席的宋庆龄参加完开国大典后,于15日深夜抵达南京。16日上午11时,由全国政协代表罗叔章和邹韬奋夫人沈粹缜女士陪同前往中山陵谒陵。进入祭堂,宋庆龄向孙中山先生的大理石坐像默哀、献花、致敬。在祭堂稍事休息以后,在中山陵园管理处姚尔觉主任的陪同下,视察了陵园花房和温室。姚尔觉还代表陵园全体职工,把陵园出产的三四十斤百合,作为礼品赠送给宋庆龄。1950年4月1日,宋庆龄因公带病离沪赴京,途经南京时,她再次专赴中山陵晋谒。

中华人民共和国成立后,宋庆龄谒陵。

26 隆重的奉安大典

孙中山的奉安大典在民国时期可谓是盛况空前,分为三个部分:奉移南下、南京公祭和奉安大典三个阶段。1929年5月26日,孙中山的灵柩从北京移往南京,经过三天两夜的行驶,28日上午10点,灵车到达南京浦口。政府主席及中央委员早已齐集肃立。奏哀乐、向灵榇行三鞠躬礼、默哀三分钟、奏哀乐。礼毕,奉移至威胜军舰,11点30分渡江,12点抵达中山码头。奉安总干事孔祥熙率32名杠夫将灵榇奉移至陆地,转特备汽车中,往中央党部开去。过中山大道时,等候的迎榇队伍按列加入。民众观礼,万人空巷。下午3点15分到达中央党部,随后举行了三天公祭。

1929年5月28日,孙中山先生的灵柩由专列运送至南京,北京沿途瞻仰送殡的群众达数十万,灵车经过,万众脱帽致哀。

5月29日为公祭第一天。中央党部内党旗无数,花圈满室。清晨7点开始,胡汉民率中央执行委员、监察委员及全体职员公祭。随后,蒋介石率国民政府委员及全体职员、国民编遣委员会、中央编遣区暨第一编遣委员及各部职员分别公祭。接着,各省党部、各特别市党部、各师党部，各省政府、市政府代表，行政、立法、司法、考试、监察、审计六大院代表，内政部、军政部、财政部、交通部、农矿部、工商部、铁道部等各部代表分别公祭。至下午5点30分，为各编遣区、各师旅、各司令部、各舰队、各航空队代表公祭，之后方才完毕。

孙中山移灵柩船

在孙科、宋庆龄、吴铁城、林森等人的护送下，孙先生的灵柩在5月28日上午抵达南京浦口车站。图为国民党中央委员会委员在浦口车站恭候灵车。

5月30日为公祭第二天。早上7点40分，国民党海外各党部暨各支部代表开始公祭，之后依次为蒙藏代表、各省、各市工人代表、商人代表，学校及学生团体代表，首都新闻记者联合会代表等公祭，中央委员陈果夫家属、于右任家属、童子军、徐州民众团体、广州同乡会、中国佛学会等个人与团体也前来公祭。至下午6点后，公祭者仍络绎不绝。

5月31日为公祭第三天。上午为荷、比、美、意、巴西、瑞典、古巴、葡萄牙、波兰、捷克、日、法、英、德、土耳其、挪威、丹麦、西班牙18国专使公祭，罗马教皇代表公祭，各国驻华新闻记者公祭，南京各教会学校外侨、美国侨民、欧洲侨民、日本侨民等公祭。下午为总理葬事筹备处委员、总理奉安委员会委员、孙中山亲故、孙中山日本友人、孙中山家属等公祭，又有南京各大中学校学生、上海暨南大学、复旦大学学生军、航空署职员、军乐队等先后前来公祭。公祭者少则几十号人，多则几百余人不等。公祭之时，均行礼如仪，并由主祭者瞻仰遗体而退。

1929年6月1日，奉安大典如期举行，从鼓楼到中山门，漫长的迎榇大道上，沿途搭有松柏、青白布牌楼20多座。"数十万"南京民众自凌晨2点开始就拥塞道路，在迎榇大道两侧恭候灵车，为孙中山先生送灵。

各国公使、外宾公祭

宋庆龄在孙中山奉安大典上

凌晨2点，奉安委员会所特备的奉移汽车在中央党部二门前院内就位。3点左右，国民党和政府的文武官员、葬事筹备委员会委员、迎榇专员，以及18个国家的专使，都陆续到达中央党部集中，孙夫人宋庆龄、孙科夫妇、蒋介石夫妇、宋子文夫妇、友人杨道仪（朱执信夫人）、唐绍仪、陈少白、张继、叶恭绰、日本人头山满、犬养毅、梅屋庄吉、宫崎龙介等，也陆续到达，进入祭堂。在胡汉民主持下，举行了移灵典礼。

凌晨4点15分，狮子山炮台开始鸣礼炮101响。灵榇即移出祭堂，扶登汽车。4点25分，灵车开动，由铁甲车在前面开道，国民政府航空署派出5架飞机在空中来回飞翔，向孙中山先生致以最后的敬意。除宋庆龄、宋美龄、宋蔼龄等夫人分乘马车随灵车护送外，孙中山先生的家属亲故、国民党文武官员和各国专使加入送殡第7行列，分两行在灵车两侧执绋而行。

送殡队伍共10行列。凌晨3点起，送殡人员及代表在中山路按照指定地点依次集合，恭候送殡。第1列主要是骑兵，在韩家巷。第2列除步兵外，有中央党务学校学生、农民、工人代表，在焦状元桥。第3列海军、花圈大队，在同仁街。第4列各团体、学校代表，在鼓楼医院前。第5列各部、各院、各委员会等代表，在鼓楼。第6列中央陆军军官学校手枪队学生、专使随员等，在新菜市。第7列,即在中央党部马路牌楼前。第8列为中央陆军军官学校机关枪队学生,在中央党部大门前。第9列为步兵一连。第10列为骑兵一队,执长矛殿后,均在中央党部左侧马路。送殡队伍自第1列起,至第10列止,"绵亘五六里",人员众多,代表广泛。第1列至第7列均配军乐队一至二组,更是哀乐齐鸣,声势浩大。

一路上,道路两旁的民众皆脱帽肃立致敬。上午8点,在奉安总指挥朱培德将军的指挥下,各送殡行列先后到达紫金山麓,由纠察员引导,在指定地点肃立,等待灵车缓缓驶入。

灵车进入陵园,陵园林工及陵园小学全体学生均肃立道旁,恭候致敬。陵园内,道路两旁的电线杆,悬挂各色花圈,山麓盖有彩色牌楼数座,亦悬挂花圈,广场旗杆下半旗志哀。

孙中山灵柩移入祭堂,中午12时,在灵堂举行公祭典礼。

上午9点20分,灵车到达陵墓石阶下。宋庆龄率孙中山其他家属、戚属下马车,入布幔内肃立。9点30分,灵榇降车换杠,由孔祥熙及迎榇专员吴铁城、郑洪年等率领10名杠夫上前,恭移上杠。9点45分起杠,踏石阶前进。由乐队40名奏哀乐者前导,宋庆龄身着黑色旗袍随行随护。执绋人员在两旁,恭扶前进。10点

8分，灵榇到达祭堂前平台，稍停，换用小杠。宣赞员宣赞，执绋人员恭扶灵榇进祭堂。10点15分，灵榇停于祭堂中央，肃静片刻后，由宣赞员宣赞，举行奉安典礼。主祭蒋介石、孙中山家属和亲故、政府官员、迎榇专员、筹备委员会委员、专使依次就位，肃立，奏哀乐，行三鞠躬礼，献花圈，读诔文。孔祥熙率领杠夫将灵榇奉移进墓室。孙中山家属、戚属，中央代表蒋介石，故旧代表犬养毅，各国专使代表欧登科随同进入墓门，率同杠夫扶榇奉安于墓圹内。此时，101响礼炮再次响起致敬。全国民众一律停止工作，默哀3分钟。到12时整，安葬完毕。各方代表及孙中山家属、戚属相继退出，又各就原位肃立，再依次进入墓门瞻仰孙中山先生的灵榇。之后，集合行三鞠躬礼，奏哀乐，礼毕。最后，宋庆龄率领孙科夫妇、戴恩赛夫妇等人，将墓门关上，奉安大典圆满告成。

同日，北京铁狮子胡同行馆开工改建大门，门额悬"孙中山先生行馆"七字金匾，孙中山逝世的卧室内镌刻石碑，上刻"中华民国十四年三月十二日上午九时三十分，孙中山先生在此逝世"。

孙中山先生去世，举国悲哀，典礼隆重，那为什么却不是国葬呢？

参加孙中山葬仪的头山满（左一）和犬养毅（居中），以及迎接他们的蒋介石。

27 孙中山为何是党葬而不是国葬

孙中山病逝时，中国正处于军阀混战、南北分裂的局面。1921年5月5日，孙中山在广东成立的中华民国政府任非常大总统，后因陈炯明叛变，政府解体；后于1923年3月在广州成立陆海军大元帅大本营，孙中山任大元帅，继续开展护法、北伐、再造民国的一系列活动。北方却是直、皖、奉系军阀混战更替，政局动荡。

1925年，孙中山逝世后，北京中央公园门前站满了送殡的民众。

孙中山逝世，宇内皆殇。不仅国民党阵营极度悲痛，就连北方各派系也同样承认孙中山共和元勋的历史地位。作为当时民国政权代表的北京政府执政段祺瑞发布哀悼令，称颂孙中山"倡导共和，肇我中夏。辛亥之役，成功不居。仍于国计民生，殚心擘画，宏谟毅力，薄海同钦"。1925年3月17日，段祺瑞执政府终于发布指令，为孙中山举行国葬，同时公布了"饰终典礼"，由内务部操办。对北京执政府授予的荣典，一部分国民党人表示赞同，但绝大

1925年，孙中山去世后，送殡队伍中的三民主义大花圈。

多数人表示不能接受。对他们来说，接受了北京执政府的国葬，等于承认了现行政权的合法性，这就关系到自己的名分和政治立场，也关系到今后的政治斗争。如果实行国葬，丧事的操办权必然落到北京政府手里，也就丧失了文化权、话语权，而这正是国民党人最不愿看到的。因此，有很多国民党人主张用"党葬"的名义更加适合，"党葬"孙中山，就可以通过掌握操办权来控制文化权和话语权，就意味着只有国民党，才是孙中山开创现代中国革命的正统继承者。

由于当时的国民党还偏居广东，内部也有很多矛盾，公开在北京宣称"党葬"并不现实。于是就在北京迅速组织了治丧办事处，制定治丧方案实施，对国葬党葬绝口不提。治丧方案照样报给段祺瑞政府，段祺瑞政府的各种参与，国民党也不拒绝，而是与之会同筹商。

3月19日的移灵和4月2日的出殡，段祺瑞政府帮助营造了隆重盛大的场面和气势，确实是把葬礼作为国葬来实行的。但在整个丧礼过程中，无论是国民党人的宣传，还是各报刊的报道，都很少提及国葬。国民党人凸显了在葬礼中的主角地位，既向段祺瑞政府"借了力"，又达到了期望的效果，而段祺瑞政府在葬礼过程中始终处于配角地位。

北京的治丧活动一结束,国民党人随即成立葬事筹备委员会,遵照孙中山遗愿,在南京钟山为他修筑墓地。1927年4月18日,国民政府在南京成立,国民党实现了名义上的全国统一,陵园建设进度加快,党葬条件更加成熟。

1928年1月7日,葬事筹备委员会第55次会议决定了碑亭碑文的内容:"中国国民党葬总理孙先生于此",由谭延闿书写并刻碑。碑高8.1米,宽4米,重达几十吨,用福建花岗岩雕琢而成,落款时间为:中华民国十八年六月一日。隆重的党葬即奉安大典之后,葬事筹备委员会即改为总理陵园管理委员会。

中山陵碑亭内的"党葬"碑

28 总理陵园管理委员会

孙中山奉安大典隆重举行后,葬事筹备处担负的任务终于完成了。1929年6月28日,国民政府国务会议决议,派胡汉民、蒋介石、张静江、谭延闿、李石曾、蔡元培、于右任、林森、宋子文、孔祥熙、林业明、叶楚伧、杨杏佛、戴季陶、陈果夫、孙科、古应芬、刘纪文、吴铁城等19人为委员,指定林森、林业明、叶楚伧、孙科、刘纪文为常务委员,30日,国民政府明令组织总理陵园管理委员会,葬事筹备委员会同时被撤销。

摄于1929年7月的中山陵

7月1日起,总理陵园管理委员会在南京浮桥2号原葬事筹备处旧址办公。陵墓未竟工程及陵园建设事务在总理陵园管理委员会主持下继续进行。1933年秋,因谭延闿、古应芬、林焕廷、杨杏佛等先后去世,国民政府指定由汪精卫、居正、张继、马超俊等补充,并定马超俊为常务委员。1934年夏,又加派朱培德为总理陵园管理委员会委员。

总理陵园管理委员会的职责是护卫陵墓,继续陵墓未竟工程及陵园建设,管理陵园的日常工作。总理陵园管理委员会是一个级别很高的机构,直接隶属于国民政府,下设总务处和警卫处两个具体职务机构。总务处负责陵园的管理、建设等日常工作,下设文牍、会计、事务三个课及园林、工程两个组;警卫处专职拱卫陵墓及保卫陵园,下设总务、管理两个课及警卫大队。在警卫大队之下,分设十个警卫派出所,分布在陵园各地,负责陵园范围内的治安。此外,北平香山碧云寺的孙中山衣冠冢留守处,也归总理陵园管理委员会管辖。

1930年的中山陵

总理陵园管理委员会成立后,首要的工作是继续完成中山陵墓工程,未竟的项目包括围墙、碑亭、碑石、陵门、牌楼、卫士室、休息室等,便作为第三步工程,推迟到孙中山安葬之后再行建设。

1929年7月2日举行的总理陵园管理委员会第一次会议上,就决定第三部工程即日招标,同时进行甬道工程及陵园大道加浇柏油路面等工程。这时,吕彦直已经去世,第三部工程由上海彦记建筑事务所的李锦沛、黄檀甫担任陵墓建筑师,他们都是吕彦直生前的同事和挚友,这时便挑起了最后完成吕彦直宏伟蓝图的重任。第三部工程包括碑亭、陵门、大围墙、牌坊、卫士室等建筑,7月25

日开标，由上海陶馥记营造厂以41.9万银元中标承建，于8月底正式开工，1931年年底第三部工程全部完工，1932年1月15日正式验收。

总理陵园界石

至此，坐北朝南，依山而筑，前临平川，后拥青嶂，布局严整，气势磅礴的中山陵全部完工，陵墓建筑全部覆盖蓝色琉璃瓦，牌坊、陵门、碑亭、祭堂和墓室建筑在一条中轴线上，以宽阔的花岗石台阶连接，整体建筑结构紧凑完整，呈警钟型，蔚为壮观。苍松翠柏，漫山碧绿，凝聚了众多工作人员辛勤血汗的中山陵既蕴涵民族风格，吸取了我国传统陵园的布局特点，又有时代气息，具有西方石造建筑的永恒纪念性，中西合璧，别具一格，是中国近代大型群体建筑的杰作。

完成建陵工程的陶馥记营造厂

孙中山先生的遗体安葬到中山陵的时候，中山陵的墓室、祭堂等处已经建成，而由于种种原因，碑亭、陵门、牌坊等建筑，作为中山陵的第三部工程，是后来才着手进行的。第三部工程包括碑亭、陵门、大围墙、牌楼、卫士室等建筑。

1929年7月，国内几家大报纸登出了中山陵第三部工程招标的广告。孙中山先生安葬在南京以后，孙中山先生葬事筹备处撤销了，代之而起的"总理陵园管理委员会"，继续主持陵墓工程。7月26日开标，上海的陶馥记营造厂以41.9万银元中标。那时，陵园管理委员会的一些常务委员，对于承包中山陵墓室、祭堂工程的上海姚新记营造厂极为满意，很希望姚新记能再次承担造陵任务。7月29日，常务委员会决定，如果姚新记营造厂能照陶

陶桂林

馥记所开的标价承包，就由姚新记承包第三部工程。夏光宇奉命和姚新记营造厂专门进行了磋商。但是，为第一部工程饱尝艰辛，又受到巨大经济损失的姚新记表示，不能照陶馥记营造厂的标价承包。这样，陵园管理委员会常务委员会才最后决定，第三部工程由陶馥记营造厂承办。

陶馥记营造厂厂主陶桂林生于1891年，江苏南通人。12岁到上海福生木器店当学徒。4年满师后受雇于一家木器厂，每晚到夜校自费学习英文，掌握了精巧的木匠技艺，英文听读写说能运用自如。先后受聘于美商中国营造公司、美孚洋油公司、美商聚丰建筑公司，任木工翻样和工地监工、工地主任。1922年11月13日，在戈登路上挂起"馥记营造厂"的招牌。他在工程中不仅熟练

中山陵工程于1931年年底全部完工

地运用西方先进的建筑技术，且讲质量讲信誉，三四年后，"馥记"在上海滩上有了一定声望。

中山陵第三部工程于1929年8月开工。这时候，各项建筑材料的运输，比起第一部工程时顺利得多了。如碑亭、陵门和牌坊所用的琉璃瓦，是当年冬天向广东裕华公司定购的。裕华公司烧制以后，分三批由广东运往南京。经总理陵园管理委员会的请求，财政部除了给以免税照顾之外，还分令沿途各关监督，遇到有陵工所用琉璃瓦报运，即予以免税放行。但是，第三部工程浩大，仍然碰到不少困难。碑亭里的大石碑、牌坊的柱座、石柱和石横梁，全要用整块的巨型福建花岗岩来制作。陶馥记营造厂虽是一家著名的建筑公司，但那时还没有多少现代化的设备，主要还是靠人工搬运。工程所用的这些巨型花岗石的采购，以及在紫金山工地的施工建筑，都要付出巨大的劳动。现在，我们从当年拍摄的陵门、碑亭、牌坊的施工现场照片上，仍然可以看出工程的巨大和艰辛。施工期间，厂主陶桂林经常到工地巡视，检查工程进度和质量。在中山陵繁忙的建筑工地，在灵谷塔紧张的施工现场，常常可以看到陶桂林的身影。他和技术人员、工人一起操作，既关心施工进度，更注意工程质量，一旦发现问题，他就命令立即返工，并一再告诉施工人员，要把质量和信誉放在首位。

完成建陵工程的陶馥记营造厂

20世纪30年代初期的中山陵,从祭堂向下俯视,峰峦叠嶂,尽收眼底。

　　第三部工程按合同规定应于1931年2月28日以前全部完工。因1930年9月,馥记营造厂在用船运送碑亭中的大石碑时,石料过重而沉没,陵园准其宽延第三部工程40天,结果到1931年年底,第三部工程才全部完工。

　　1932年1月25日正式验收,陶馥记营造厂因延期被罚款3 000两。其后,中山陵园国民革命军阵亡将士公墓纪念塔(即灵谷塔)、纪念馆(即松风阁)等一些工程也由其建造。此外,陶馥记营造厂还承建了广州中山纪念堂的工程。这些具有重大意义的建筑,奠定了陶桂林在中国建筑界的地位。

　　1945年9月,陶桂林应邀参加毛泽东、周恩来在重庆召开的工商界名流座谈会。抗战胜利后,先后担任上海、南京两地营造业同业公会理事长。1949年2月,去台湾后继续经营建筑业。

　　1973年,陶桂林退休后,迁居美国,但他时刻关注着祖国的建设,经常向国内转达"思乡之情"。1992年,他嘱咐其子陶锦藩率馥记集团全体董事来沪访问并参加上海的建设。1992年,陶桂林去世,享年102岁。

30　中西结合的中山陵建筑

全部竣工后的中山陵，西邻明孝陵，东毗灵谷寺，傍山而筑，由南往北沿中轴线逐渐升高，整个建筑群依山势而层层上升，气势宏伟，被誉为"中国近代建筑史上的第一陵"。中山陵也是中西建筑艺术完美融合的典范，在型体组合、色彩运用、材料表现和细部处理上都做得恰到好处，色彩和谐，庄严中孕育着典雅的文化气息。

进入中山陵，首先来到陵墓的广场。广场位于中山陵的正南端，平面呈半圆形。由广场拾级而上，墓道入口处，是一座冲天而立的花岗岩牌坊。牌坊上镌刻着孙中山手书的"博爱"二字，因此，这座牌坊又叫"博爱坊"。

牌坊之后，是一条长达480多米的墓道。墓道分为三道，中道宽12米，钢筋水泥路面，左右两道各宽4.2米，柏油路面。中道和

20世纪30年代初期的中山陵，已有外国人前来谒陵。

左右两道之间,由南向北,对称地排列着五对长方形的绿化带,绿化带内栽植了两排雪松和四排桧柏。墓道的尽头是陵门,这是中山陵墓的正门。

陵门前平台的左右两侧,各有一个象征性的卫士室。陵门坐北朝南,有三个拱门,每个拱门都装有一扇对开的镂花铜门。陵门平面为长方形,宽 27 米,高 16.5 米,进深 8.8 米,全部用福建花岗岩建成,屋顶为单檐歇山式,上覆蓝色琉璃瓦。陵门南面正中门的上方刻"天下为公"四个金字,也是孙中山的手迹。

陵门前东西两侧,还各有一对高约 3 米的汉白玉石狮。这对石狮是 1935 年 7 月,当时的察哈尔省主席宋哲元将军在北平定王府购得,赠送给中山文化教育馆,又由该馆转送给陵园的。

陵门之后,是一座方形的碑亭,边长 12 米,高约 17 米。碑亭也是全部由花岗岩建造的,重檐歇山顶,盖蓝色琉璃瓦。亭的四面各有一个拱门,但北侧的拱门下设有石栏,不能通行,游人可在此凭栏眺望中山陵祭堂的雄姿。

吕彦直在设计中山陵的时候,因为受建筑经费的限制,没有设计碑亭,而是在祭堂正中立碑。后来为了增添陵墓的气势,吕彦直又设计了碑亭,而在祭堂内设孙中山坐像。

20 世纪 30 年代初的碑亭

从碑亭到祭堂前平台，还有八段石阶，共290级。每段石阶上都有一块平台，全部用苏州金山花岗岩砌成。这些石阶的两侧，栽植桧柏、枫树、石楠、海棠等树木，终年常青。石阶间的平台上，还陈列着一些纪念品，丰富了石阶的景观。第五层平台上，有一对巨大的紫铜鼎，上面刻有"奉安大典"四个篆字，是当时的上海特别市政府为纪念孙中山的葬礼而捐赠的。

祭堂是一座融合中西建筑风格的宫殿式建筑，长30米，宽25米，高29米，外壁用香港花岗岩建造。堂顶是中国传统的重檐歇山式，上盖蓝色琉璃瓦。吕彦直原来考虑用铜瓦，比较坚固，但铜瓦价格昂贵，葬事筹备处决定用蓝色琉璃瓦。中山陵所有的建筑物都是白墙蓝瓦，这与国民党青天白日党徽的基本色调是一致的。

祭堂前东西两侧的石座上置有孙科全家赠送的一对青铜鼎。祭堂两侧旁的一对华表是林森亲自督办的，由福州著名的蒋源成雕刻铺定做，夜间由16名杠夫慢步轻抬运至南京。

祭堂正面有三个拱门，也是中门大，两侧略小，门上都装有镂空花格紫铜门。门楣上方从东到西分别刻有"民族""民生""民权"六个阳篆字，是民国元老张静江所书。中门的上下檐之间，还嵌有孙中山手书的"天地正气"四个金字的直额。

祭堂内部，用云南产的大理石铺地。堂内左右、前后排列着12根巨大的石柱，四隐八现，下承大理石柱础。这些石柱是用钢筋混凝土浇制的，外面裹以青岛产的黑色花岗石。

祭堂顶部用马赛克磁片镶嵌成国民党青天白日的党徽图案，四壁上半部贴人造石，下半部嵌黑色大理石，东西两侧镌刻孙中山手书的《建国大纲》全文。祭堂北面的护壁上原来也有石刻，左面刻有蒋介石和胡汉民所写的《总理校训》和《总理遗嘱》，右面刻有谭延闿书写的《总理告诫党员演说词》。现在，除了《建国大纲》完好无损外，其余几幅石刻，都在十年动乱中被磨去了。

祭堂正中，是一尊大理石雕刻的孙中山坐像。每次举行谒陵仪式时，谒陵者都要在这尊坐像前敬献花篮，鞠躬致敬。祭堂后壁正中是墓门，与墓室相通。墓门共有两道，第一道是两扇美国造的紫铜保险门，门外用黑色大理石砌成外框，门额上镌刻孙中山手书的"浩气长存"四个字，这四个字是孙中山为黄花岗烈士墓所题书的。第二道门是单扇铜门,门上刻有"孙中山先生之墓"七个篆字,为张静江所书。门开启时,这七个字是看不见的,只有当墓门关闭时,门上的字才能看见。

墓室为半球形封闭式建筑,直径18米,高11米,墓体坚固异常,墓壁用三层材料筑成,外面用香港花岗石铺砌,中间是钢筋混凝土,内壁用妃色人造石贴面,顶部用彩色马赛克镶嵌成国民党党徽,地面用白色大理石铺砌。墓壁上装有日光灯,顶上装有8个反光镜,使墓室内保持柔和而充足的光线。

墓室的中央,是一个圆形的大理石圹,直径为4.3米,四周围着一圈精致的白色大理石栏杆,谒陵者可以沿着石栏杆绕墓圹一圈瞻仰。石圹深1.6米,底部用白色瓷片铺地。墓圹正中是一具用汉白玉雕刻的孙中山卧像。

孙中山的遗体,用一具美国制造的铜棺盛殓,安葬在墓圹下5米深的长方形墓穴内。墓穴用花岗石铺底,四周砌隔墙。铜棺长2.24米,宽0.8米,高0.65米,棺盖上面有国徽,先后两端的底侧,有铁制的横栓,供抬棺之用。棺盖的边上,还有开关棺盖的木旋。铜棺内四壁和底部,铺垫着白色缎子制成的棉褥。

中山陵是民国初年我国自行设计、自行建造的一项重大工程。它结合紫金山的山峦地势,把一个个孤立的建筑用宽广的石阶、平台、大片的绿地,在一条中轴线上连成一片大幅度的整体,经过几十年的风风雨雨,至今仍崭新如初。

31 孙中山卧像与坐像穿装为何不统一

孙中山先生逝世之前,曾希望将自己的遗体像列宁那样,用水晶棺加以保存,让人民瞻仰。后来由于军阀骚扰等原因使遗体受到空气的侵袭,不能用水晶棺保存,只好改为土葬。这成了一件无比遗憾的事情。为了弥补这个缺憾,有人提议在墓室里安放一尊汉白玉卧像。

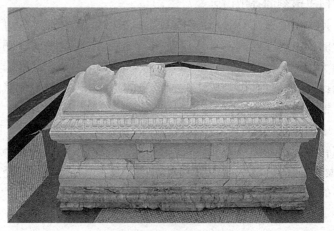

墓室内孙中山卧像

当时留学法国的中国女雕刻家王静远,以及上海的雕刻家李金发等人,制作了卧像模型,但均难以令人满意。孙中山先生葬事筹备委员会在国内几家大报及日本、俄国的美术杂志上公开悬赏征求,仍没有得到理想的塑像模型。

1928年1月,中山陵的墓室和祭堂已经建成时,葬事筹备委员会才根据孙科的提议,决定请早已做好准备的捷克著名雕刻家高祺担此重任。在孙中山先生的灵寝设计方案中,除了墓室的卧像,还要求设计便于祭祀的灵堂中的孙中山坐像。由于灵堂中的坐像供

31 孙中山卧像与坐像穿装为何不统一

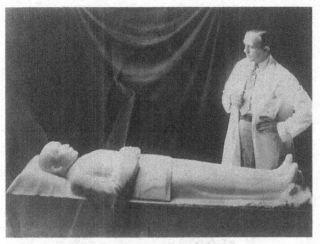

高祺雕塑孙中山卧像时的摄影

人们祭祀拜谒,设计要求较高,中山陵修建委员会仍然决定在国际范围内公开招标。法国著名雕塑家保罗·朗特斯基最终中标。

关于孙中山塑像的着装,一般认为中山装为宜。中山装是孙中山先生在广州任大元帅时亲自设计的。他参照当时在南洋华侨中流行的"企领文袋"上衣为基样,在企领上加一条反领,以代替西装衬衣的硬领。又把上衣的三个暗袋改为四个明袋,下面两个明袋比较大,可以放得进书本。衣袋上再加上软盖,防止袋内物品丢失,同时还设计了裤子。中山装原先当中的七颗纽扣后来逐渐变成了五颗。但有些国民党元老却力主穿着"国粹"长袍马褂,这也是当时国民政府文官的礼服。两种意见都有道理,于是,最后决定卧像着中山装,坐像穿长袍马褂。

高祺用北平大理石为原料,花了一年零三个月的时间,精心雕刻并按时完成了这座卧像。该像与孙中山实际身高大体一致,中山先生着中山装,两手合放在胸前,双脚自然并拢,眼帘轻轻垂闭,面容安详慈善,似乎是在革命忙碌之余,暂得片刻休息。一束素洁白花雕刻在先生脚边,象征着千百万谒陵者对中山先生的无限敬意。中山陵的建筑师吕彦直病逝以后,陵园管理委员会为吕彦直立的纪念碑,也是由高祺塑造的。高祺曾长期被误写为"高崎",并被误认为日本人,卧像的右脚边刻着雕刻家的名字"高祺",应以此为准。

朗特斯基与雕刻完成的孙中山先生坐像的合影

祭堂中孙中山先生坐像的完成则更加曲折。早在1925年12月,雕像设计征集启事在上海《申报》以及日本、苏联等国的美术杂志上刊登,期限是6个月,但应征者寥寥无几。于是,招标期限被延长半年。1926年12月,招标结束后,共有14位中外雕塑家投标,但没有一件作品让葬事筹备委员会委员满意。随后,雕像的事情被暂时搁浅。

1927年11月11日,担任中山陵设计图案评审顾问、曾在法国巴黎国立专科美术学校留学的中国雕塑家李金发在葬事筹备处会议上,推荐了法国著名雕塑家保罗·朗特斯基。朗特斯基为此专门雕刻了一尊小雕像寄到中国,经葬事筹备委员会委员审查,一致同意由朗特斯基雕刻孙中山坐像。

朗特斯基生于1875年,曾就学于巴黎国立专科美术学校雕塑系,毕业后留校任教,他的作品风格严谨、质朴,享誉全球。朗特斯基接到通知后,就建议孙科亲赴巴黎一趟,他想从孙科身上观摩其父的遗传部分。孙科同意后去了巴黎,并带有孙中山先生生前不同时期的许多照片,供朗特斯基参考。

祭堂中孙中山坐像

朗特斯基精选一块上乘的意大利白色大理石,按照高5米,底边宽2.1米的规划尺寸精雕细刻起来,其中包括底座四周6幅反映孙中山革命活动的浮雕。经过一年零八个月的艰辛劳动,身着长袍马褂、手持书卷、目凝前方的孙中山坐像赫然呈现在世人面前。

朗特斯基在设计孙中山坐像时,在着装上考虑的唯一样式就是中国的长袍马褂,但在具体式样上,有两种,一种是有"福"字花纹的,一种则是仅有盘扣,没有花纹的,最后采用的就是后一种。完成后的坐像用意大利白色大理石雕刻,高4.6米,孙中山着长袍马褂,双脚并坐,膝上摊着展开的文卷,双目凝视前方,深情沉思,显出一位伟大思想家的深沉和睿智。坐像底座四侧还刻有以孙中山从事革命活动为内容的6幅浮雕。

坐像造价达150万法郎,又以十万法郎的保险代价从巴黎运至南京。朗特斯基本来要一起前来的,但最终没有成行。坐像运到南京后,由陶馥记营造厂运到中山陵,安放在祭堂里。1930年11月12日,正值孙中山先生诞辰64周年纪念日,国民政府党政要人云集中山陵祭堂,举行了隆重的大理石坐像揭幕典礼。

32 几经迁移的孙中山铜像

孙中山先生卧像与坐像长年安放在墓室正中与祭堂,而同时期制作的孙中山铜像却几经迁移。铜像捐赠者梅屋庄吉是孙中山生前的日本挚友。

1895年,孙中山由美国檀香山到香港,组织兴中会总部,经其英国老师康德黎介绍,与香港梅屋照相馆老板梅屋庄吉相识,从此结下了深厚的友谊,并多次接受梅屋庄吉捐助的革命经费。1913年,袁世凯窃国称帝后,孙中山组织讨伐袁世凯的"二次革命"失败,被迫逃亡日本,就曾住在梅屋庄吉家中,受到梅屋庄吉夫妇的保护和照料。1915年10月25日,孙中山与宋庆龄就是在梅屋庄吉家里举行了结婚典礼。

1913年,孙中山在东京与梅屋庄吉夫妇的合影

1925年,孙中山在北京病重期间,梅屋庄吉特派其大女儿、女婿赶到北京,亲侍汤药。孙中山逝世的噩耗传到日本,梅屋庄吉从当天的报纸上得知后,非常悲痛,提笔写下了"呜呼,亲友孙文逝

世"几个大字,以寄托哀思。

梅屋庄吉不顾日本政府"关于禁止为孙文造像"的禁令,不惜变卖家产,抵掉妻子、女儿的首饰,为孙中山铸像。他委托东京最著名的筱原金作工场进行策划,聘请雕塑家牧田祥哉制作,先后铸造了4尊款式、大小相同的孙中山铜像。每尊铜像高2.9米,重1吨多,以孙中山向民众发表演讲的姿势为造型,气势磅礴,栩栩如生。

1929年3月,梅屋庄吉护送孙中山铜像来南京,铜像最初被安放在中央军官学校内。除了南京的这一尊外,其余3尊分别安置在广州黄埔军校、广州中山大学和澳门"中山纪念馆"。1942年11月,在孙中山诞辰76周年前夕,汪伪政府将南京的孙中山铜像移至新街口广场。

1966年"文化大革命"期间,红卫兵以"破四旧"为名,限令中共南京市委在"24小时内拆除"新街口广场上的孙中山铜像,否则"一切责任由市委负"。国务院接到南京市委报告后即电令予以保护。南京市委遂将铜像移至中山陵保存。

1968年6月,根据周恩来指示,将铜像安放于中山陵广场南端原孝经鼎八角形石台座上。为了保护铜像,还在铜像前挂了一块牌子,上面写着毛主席语录:"伟大的民主革命先行者孙中山先生。"

铜像长期露天在外,风吹雨打,日晒夜露,表面的油漆涂料基本上脱落,产生了一层颜色深浅不一的氧化铜,像身有许多微小的裂纹,其中右手肘关节的里侧及左脚裂缝明显,有断裂的可能。后经维修后,裂缝处用锡焊接住,换成铜螺栓加固,颜色改为古铜色。

1985年3月7日,孙中山逝世60周年纪念日前夕,铜像被移至孙中山纪念馆广场前的石阶上。

常年酸雨是铜像侵蚀的主要原因,专家们利用世界领先技术赛默飞世尔尼通元素分析仪对铜像表面进行了无损检测分析发现,铜像本体除铜元素外,还含有铅、锌等成分,其表面黑色物质为硫化铜。因此推断当年铸造该铜像时,表面进行了硫化处理,使得铜像颜色成为黑色,不仅增添了铜像的庄重、厚重的感觉,对铜像本身还有较好的保护作用,至今依然矗立在此。

为迎接2011年辛亥革命100周年纪念,中山陵园管理局对孙中山铜像进行"抢救性"保护，铜像经清洗、复原、二次清洗后，采用进口的微晶石蜡封护铜像表面，恢复了铜像的本来面目，铜像面貌得到了极大改善，恢复了往日的风采。

1929年3月26日，蒋介石设宴招待护送孙中山铜像到中国的梅屋庄吉。此为蒋介石、宋美龄与梅屋庄吉夫妇及女儿等合影。

1942年，汪伪政府将孙中山铜像移到新街口广场。

南京市中心新街口广场中央的孙中山铜像系1996年广场治理时应市民要求所立。孙中山身着西装风衣,右手执手杖。该铜像由我国著名雕塑家戴广文先生制作,重6.2吨,设计高度5.37米,铜像含基座总高度11.12米,寓意着孙中山先生的诞辰之日11月12日,也恰巧接近座式基座的1∶1比例。

2001年,因南京修建地铁,新街口广场暂时拆除孙中山铜像,并妥善保管。2010年,在南京市政协提案和市民的要求下,孙中山铜像重新回到新街口。

孙中山铜像现已成为南京人文历史的特色标志。

孙中山纪念馆前的铜像

33 中山陵衬饰文字的出处及书写者

中山陵主体建筑上的匾额、题刻、雕刻等,将孙中山的思想,以孙中山手书、名人书法等形式表达,使得中山陵确实成为中山思想最适宜的载体。文字衬饰进一步凸显和强化了陵墓建筑的纪念性。一方面,孙中山生前的手书,更容易勾起后人的追怀和遐思;另一方面,古代中国还有一种敬重先人遗言遗训的文化传统,中山陵这些衬饰文字,从形式和内容上更加突出了陵墓的纪念功能。

进入中山陵,首先看到的是"博爱"牌坊。博爱是孙中山先生一生极好的概括和写照,是其学说的核心思想之一。"博爱"一词出自唐代韩愈的《原道》:"博爱之谓仁,行而宜之之谓义,由是而之焉之谓道,足乎己而无待于外之谓德。仁与义为定名,道与德为虚位。故道有君子小人,而德有凶有吉。"博爱思想中也含有"仁"的意思,恰当地去实现"仁"就是"义",沿着"仁义"之路前进便为"道",使自己具备完美的修养,而不去依靠外界的力量就是"德"。孙中山将

"博爱"牌坊

中国传统文化中的博爱学说与西方政治学说中的自由、平等、博爱加以糅合,成为其学说的一个核心思想。

陵门上面镌刻着"天下为公"。"天下为公"源于孔子的《礼记·礼运·大同篇》。原意是不把君位当做一家的私有物。旧民

主主义革命时期孙中山借用来作为对"民权主义"的解释,意思是政权为一般平民所公有。孙中山领导辛亥革命,正是要结束封建制度"天下为私"的不合理状况,大力提倡天下为公。孙中山自己首先身体力行,以国民公仆为己任。后人称赞他"先后革命数十年,无养育之私财,无自图便利之私意,无私怨、无私仇、无私人。政治家能如先生者,非特古今,即西洋诸国恐无其匹"。

"天下为公"

祭堂墓门上的"孙中山先生之墓"系张静江所写。

　　祭堂直额上是孙中山手书的"天地正气"。祭堂内东西两侧护壁上刻有孙中山手书的《建国大纲》全文,共25条,1 300余字。四周原来刻有《总理校训》《总理遗嘱》及《总理告诫党员演说词》,分别由蒋介石、胡汉民、谭延闿手书,现已无存。墓室门楣上镌刻着"浩气长存"四字,是孙中山为纪念黄花岗七十二烈士而题写的。

　　孙中山一生的伟大革命实践和丰富的思想理论,简明扼要地体现在中山陵的各部建筑上。"博爱""天下为公""民族、民权、民生"一直到"天地正气",包含着丰富的内容。他的思想引领了中国近代的民族民主革命,成为那个时期中国人民为之奋斗的纲领。树碑立传是中国的传统文化,中山陵各部建筑上的文字衬饰也是

祭堂拱门上的"民族""民生""民权"及"天地正气"

这种传统文化的直接体现。

孙中山的思想承接了中华民族数千年优秀的传统文化,并与西方现代文明相结合,演绎成近代中国人的一种民族情结,成为联结海峡两岸同宗同祖、和平统一的历史纽带,成为海内外华人文化归属的象征之一。他的许多思想还具有超越那个时代的意义,成为中华民族永恒的宝贵精神财富。这些宝贵的思想都是希望来中山陵谒陵的广大游客所能感受和记住的,是南京历史文化资源的重要组成部分。

墓室门额上的"浩气长存"

34 以孙中山名字命名的中山植物园

中山植物园位于钟山风景区南侧天堡城南麓，原名"总理纪念植物园"，是为纪念孙中山先生而建立的，这是我国最早的一座植物园。1926年7月，中山陵工程开工不久，孙中山先生葬事筹备委员会就决定在中山陵园内建立一座植物园。

后来，杨杏佛计划聘请中山陵建筑师吕彦直、金陵大学农科主任过探先、东南大学植物及森林学教授陈焕镛，共同组成植物园计划委员会，负责筹建植物园。由于当时北伐战争正在紧张进行，南京地区局势动荡，筹备工作被耽搁下来。

直到1929年年初，由总理陵园主任技师傅焕光及陈宗一勘定明孝陵、梅花山和前湖一带土地200万平方米，作为园址。后又邀请钱雨农、秦仁昌两位植物学家详细视察，由钱雨农、秦仁昌根据陵园实测地图，依据地势高低，划分植物区、树木区、松柏区、灌木区、水生及沼泽植物区、蔷薇区等11个区。

为中山陵园绿化做出贡献的傅焕光

从1929年开始筹备时起，植物园就向国内外著名种苗公司定购种子，对于比较珍贵的种苗，还托人代购或与世界各大植物园及农林单位相互交换种子。

此外，植物园还与中国科学社、中央研究院等单位合作，每年派人到国内各省山林采集种子，以丰富植物的品种。为了植物园的长远发展，陵园还派青年技师叶培忠到英国爱丁堡大学及英国皇家植物园学习，回国后为植物园的建设服务。后来，叶培忠成为我国著名的植物学家。

中山植物园

经过近十年的苦心经营，到1937年抗战爆发前为止，植物园已初具规模，并建成蔷薇花木区、分类植物区、树木区、松柏区、竹林区、药用植物区等。当时的植物园包括了明孝陵和梅花山，而这些地方现在都不属于植物园的范围。

日伪时期，植物园遭到严重破坏，各种植物仅残存十分之二三，温室等建筑荡然无存，园地也半改农田半荒芜。抗战胜利后，陵园曾打算努力恢复植物园，1947至1948年间多次派人赴江浙各地搜集植物种子，布置园景，并与国外各大植物园恢复联系。无奈经费缺乏，成效不大。

中华人民共和国成立后，植物园得到党和政府的重视。1954年4月，中央人民政府政务院批准正式定名为南京中山植物园。植物园从原来陵园下设的一个部门，变成一个中国科学院领导下独立的科学研究机构，成为我国植物科学研究、观赏和植物学知识普及教育的基地。

现在的中山植物园分南北两区，北区以保护、研究、利用中国中亚、北亚热带植物为重点，南区是以热带植物宫为中心的植物博览园，整个园区既有园林外貌，又有科学内涵，是我国四大植物园之一，国家级科普教育基地，亦是金陵新四十八景之一，名为"植物阆苑"。

35 南京的"绿肺"

中山陵园所在的紫金山,属于宁镇山脉。宁镇山脉是南京与镇江之间一系列山丘的总称,是侏罗纪末到白垩纪初在扬子古陆东部通过宁镇山脉运动而形成的一条向北突起的弧形褶皱,紫金山位于这条褶皱的西端,是宁镇山脉中最高的一座山。钟山平面图呈弓形,弧口向南,东翼向西南倾斜,西翼向东南倾斜,东西两端相距7公里,南北宽约3公里,沿山一周长约23公里。

中山陵建设中的林木种植

由于气候温和,雨水充足,自然生态环境优良,对植物的生长十分有利,因而钟山自古就是一片郁郁苍苍。据志书记载,早在东晋就已有人在钟山植树,六朝宋代又令"诸州刺史罢职还者栽松三千株",当时留下一个叫做栽松岘的地名。唐代大诗人李白在《金陵歌送别范宣》一诗中写道:"钟山龙蟠走势来,秀色横分历阳树。"可见在唐代,钟山已是林木繁茂,满山苍翠了。元朝文人胡炳文游钟山时,看到的是"夹路松荫,亘八九里""修篁老桧,万绿相扶"。

明初建孝陵时，栽松10万株，并在钟山南麓开辟漆园、桐园、棕园，栽植漆树、桐树、棕树各50万株，派军士屯植，所产漆、桐油及棕绳供造船用。此外，明代还在钟山南麓广种苜蓿，至今尚有苜蓿园的地名。明代钟山还产香楠木，"干霄蔽日，大可数围""明时旧家构屋栋梁之材，兹为上选"。明清时期，灵谷寺一带松荫夹道，苍翠欲滴，"灵谷深松"被誉为金陵四十景之一。钟山就是南京近郊的一座森林公园。

20世纪40年代的中山陵雪松

在长达一千多年的历史中，钟山的森林也曾屡遭劫难，几度死生，其主要原因是战乱带来的人为破坏。钟山紧逼南京城垣，地势冲要，历来为兵家必争之地。东晋苏峻之乱、梁代侯景之乱、隋军平陈、岳飞抗金、朱元璋攻入南京、清军围攻太平天国、辛亥革命光复南京等等，都曾以钟山为战场。战火的破坏以及政权的更迭，每次都给钟山带来一场灾难。

明亡以后，钟山的林木，历遭斧斫，孝陵的杉板，沿街兜售，原来满目苍翠的森林，到清初屈大钧来游钟山时，已"弥望无一存矣"。清朝咸丰年间，清军在孝陵卫设江南大营，围攻太平军，长期的战火再次使钟山的森林遭到严重破坏，全山除灵谷寺、万福寺、紫霞洞、孝陵墓等地还有数处残林外,已是童山濯濯、石砾尽现的一座秃山了。

中山陵园在奉安大典后成为风景区,图为前来参观的游人

1928年3月12日,在傅焕光的大力倡议下,中山陵园举行了首届孙中山先生逝世纪念植树活动,此后形成传统,数十年坚持不懈。傅焕光在中山陵园保护森林植被的同时开展大规模的育苗造林。他亲自规划,将全部紫金山林区划分为陵墓区、东区、东北区、北区、西北区、西区、南区等7个区,各区分设事务所,由各个事务所具体落实职责范围内的造林绿化事业。

从1927年到1931年,先后培育苗木380万株,其中适应性强,造林容易成活的马尾松达334.6万余株,其他的树种还有日本的黑松、刺槐、麻栎等,为陵园的绿化奠定了良好的基础。到1936年,紫金山共植树造林8 469 000余株,成活6 419 000余株,成活率为76%,紫金山从荒芜遍地又变得绿树浓荫了,成为当时南京东郊的著名风景区。

1929年7月,经国民政府批准,总理陵园管理委员会正式成立,傅焕光担任总理陵园园林组主任,并被聘为园林设计委员会委员。傅焕光全面主持陵园的园林绿化建设十年之久,直到抗日战争爆发。

傅焕光首先组织了相关的园林绿化专家,进行了全面的调查,

中山陵园的林荫大道

勘定陵园园址，根据地质、土壤做出区划，在陵园的山地培育森林，使再次荒芜的紫金山成为绿色的林海。鉴于当地农民历来有采伐的习惯，限于当地的风俗习惯以及财力、人力的有限，不可能完全禁止砍伐，傅焕光采取了发放刈草证的办法，加以控制，并组织人员向周围农民进行保护森林的宣传教育。

中山陵园筹建之初，许多新建的道路急需完成道路绿化工作，包括墓道、陵园大道、环陵路、明陵路、钟灵路、石象路等干道系统，傅焕光从上海引进法国梧桐和枫杨等树苗1.1万株，在陵园内部及主要的道路两边则栽植行道树，精心栽植，妥善保护，树苗茁壮生长，这是南京首次成批种植法国梧桐，为全市营造林荫大道树立了榜样并提供种源。其中的陵园大道，不但是通向中山陵的绿色长廊，也是南京著名的景观大道。

在南京市公布第一、二批1 088棵古树名木中，中山陵园就达800多棵。紫金山因为绿色植被丰富，被称为南京的"绿肺"，其周边成为南京的宜居地。

36 美龄宫秘事

孙中山安葬南京以后，陵园的规划和建设逐步开展，这里优美的景致吸引了许多国民政府的官员，他们纷纷想在陵园建筑公馆别墅。为此，陵园在中山陵东南方的山麓地区特地划出一片陵园新村，新村共分 250 多号，每一号占地 2 000 平方米。凡是有意要在陵园建造公馆别墅的党国要员，必须向总理陵园管理委员会交纳领地费 500 元，每年交纳地租 60 元，领地者自行建造。到抗战爆发前为止，许多国民党高级官员，如林森、汪精卫、孙科、何应钦、张治中、陈果夫、陈立夫、冯玉祥、唐生智等人都在陵园新村建造了自己的公馆。蒋介石和宋美龄选中了陵园大道右侧的这座小红山，决定在这里建一座别墅。

1930 年秋，蒋介石向总理陵园管理委员会提出要"借小红山"造别墅，经陵园同意，拆除了小红山上原有的陵园警卫处的分驻派出所。于 1931 年春开工，由南京市工务局长赵志游设计，工务局技正陈品善主办，上海新金记康号营造厂以 24 万元包价承建。所需建筑费用，工务局直接向财政部领取，先后领支了 23.76 万元。

宋美龄

不料工程开始后，项目不断增加，有未将预算呈请核准就擅自兴工的，有只是奉蒋介石、宋美龄口头之命增加的，结果大大超出预算，只得向陆海空军总司令部借款 3 万元，后来又由南京市财政局陆续垫支 1.65 万余元。工程到 1932 年秋完工，而这笔账却一直拖到 1934 年，最后由中央政治会议批准，全部从国家总预备费项目下报销，包括内部装修等，实际工程费达 31.65 万元。

小红山官邸位于四方城以东200米的小红山上，正式名称是国民政府主席官邸；由于蒋介石和宋美龄曾在这里居住，接见国民政府要人，民间俗称"美龄宫"。

据资料记载，抗战初期的宋美龄执意留在南京。淞沪抗战期间，她一直陪着蒋介石住在美龄宫，日寇飞机曾多次轰炸这里，最危险的一次，炸弹把距别墅仅10步之远的另一处小屋夷为平地。但宋美龄并没有被日军没日没夜的空袭吓倒，相传她能在日本飞机轰炸时，沉着地给客人冲茶而不溢出一滴，在指引客人进入防空洞时，谈话声调还像平时那样应对有致。

战火犹酣，宋美龄携带大批生活补给品，前往上海前线战地。当宋美龄的车队穿越前沿阵地时，遭到日军的猛烈炮火轰击，她的座车被炸翻，肋骨及脊椎多处受伤，仍然坚持把慰问品送到并向士兵发表演说。那段时间，宋美龄以"第一夫人"的身份，穿越南京、上海之间，直到首都沦陷。南京的美龄宫见证了宋美龄在国难期间的沉着应对。

平台上的汉白玉雕凤栏杆

美龄宫主楼是一座中国古代宫殿式建筑，雕梁画栋，飞檐翘角，四周绿荫环抱，郁郁葱葱，四季鸟语花香，清幽静谧。由于建在山上，在山南的空旷处远远地就能望见这座覆盖着绿色琉璃瓦的巍峨宫殿，十分气派。

美龄宫由主楼、警卫室、汽车库、花园组成。门口设门卫用房，进门后便是橄榄形环状车道，车辆可以直接驶到主楼门前。主楼耸立在小红山的山顶，依山而建，高三层，另有地下室。建筑面积2 000余平方米。从外部看，是仿中国传统的宫殿式建筑，屋面覆盖绿色琉璃瓦。墙身用现代手法，贴棕色耐火面砖。其内部设施完全西化，建筑材料都是西式建筑中常用的钢筋混凝土。

主楼的正门在北侧，南侧是大平台，用花瓷砖铺地，围以汉白玉雕花栏杆，栏杆的柱头上雕刻着清一色的凤凰，这大概是赵志游为讨宋美龄的欢心而特意设计的。主楼分为地下室一层，地面三

美龄宫三楼凯歌堂

层。地下室的东部为职员用房，西部为厨房。地面第一层有接待室、衣帽间、秘书办公室及卧室、厨房、配膳房、洗衣室、卫生间、服务用房等。

第二层主要做会客室与休息室之用，设有大厅、客厅、大饭厅、配膳房、书房、秘书室等。通过大厅，可以至"凸"字形平台，平台四周围以清式汉白玉雕凤栏杆，显得雍容华贵，富丽堂皇。大阳台场地开阔，可供露天活动与茶饮之用，也是欣赏自然景观的最佳之处。平台雕凤栏杆共有34根，每根立柱上各雕凤凰一只，象征别墅的女主人。宋美龄自1897年出生至1930年提议建造这座别墅正是34周年，34只凤凰即寓此意。

第三层为居住部分，有小客厅、四间大卧室及小餐厅等。室内陈设考究，地上铺有紫红色地毯，墙上挂着名人字画。客厅后来改为祈祷室，即凯歌堂。每逢星期日上午，蒋氏夫妇同政府高级官员中的基督徒们一起做礼拜。

整个建筑既继承了中国古典宫殿建筑的优秀传统，又吸收了

空中俯视美龄宫宛如一颗钻石，被如链的绿树环绕

西方建筑的精华，寓富丽于精巧之中，庄严华贵。抗日战争结束后，蒋氏夫妇常在此居住。

中华人民共和国成立后，美龄宫曾改为高级疗养院，先后由南京市卫生局、东郊宾馆、金陵饭店等单位管理，1984年起正式对游人开放。1991年，被评为中国近代优秀建筑。1992年，被列为南京市文物保护单位。2001年，成为全国重点文物保护单位。2012年，美龄宫正式由中山陵园管理局接管，复原了建筑的历史原貌及原"南京国民政府主席官邸"的场景和功能布局。

从空中俯瞰美龄宫，宛如一条钻石项链，有人以此想象是蒋介石浪漫地送给宋美龄的礼物。这只是巧合而已！政要们的别墅大多已毁，保存完好的美龄宫更显难得！好在中山陵的附属建筑及文物还有不少保存至今。

37 孝经鼎身世探秘

中山陵广场南端的正中,屹立着一座高大的紫铜鼎——孝经鼎。这座铜鼎是戴季陶和中山大学师生捐建的。

中山大学,原名广东大学,是孙中山先生1924年亲自创办的。1926年7月,为纪念创办人孙中山先生,该校改名为中山大学,戴季陶是该校校长。孙中山先生奉安于中山陵以后,戴季陶就想在中山陵前建立一座永久性的纪念物,最后决定由中山大学师生合捐一座铜鼎。因为鼎内有六角形铜牌,上刻戴季陶母亲黄氏所书写的《孝经》全文,所以称孝经鼎。

孝经鼎

孝经鼎高约4.25米,腹径1.21米,重约5 000公斤。铜鼎外观为圆形,三足两耳,铜鼎由三节构成,可以拆卸开来。鼎壁的一面铸有"智、仁、勇"三个字,至今仍很清晰。"智、仁、勇"是孙中山先生对革命军人的要求,他要求革命军人必须区别于一切为军阀卖命的旧式军人。

鼎台的另一面原来铸有"忠、孝、仁、爱、信、义、和、平"八个字，这是孙中山在"三民主义"中提出的中国人的传统"八德"，十年"文革"中这八个字被磨去。孝经鼎由张镛森设计，金陵兵工厂（今南京晨光机器厂）于1932年翻砂铸造，造价1.3万元。

孝经鼎安置在中山陵广场南端正中，并特建造有一座鼎台。鼎台由当时总理陵园工务组工务助理员夏行时设计，夏行时那时刚从中央大学毕业不久，他设计的这座鼎台颇为新颖。鼎台基座为八角形，高3米，分为3层，底层直径16米，中层直径12.6米，上层直径4米。石台用钢筋混凝土铸成，表面镶以苏州花岗岩，每一层的四周围有苏州花岗岩筑的石栏，游人可以登上最高层就近观赏孝经鼎。鼎台造价2.17万元，也由中山大学全体师生捐建。

在石台下面约3米深的地基中，埋藏着一只石匣子，石匣中装有一只一方尺大小的古铜色箱，箱内贮存着在南京的中山大学师生所恭录的孙中山全部遗教。箱面刻有总理遗嘱，是戴季陶所书。

1933年5月7日，在铜鼎地基处举行奠基礼，国民政府主席林森出席了奠基礼并发表了讲话。随后，由戴季陶和辛树帜两人手捧铜箱放入石匣内，戴季陶亲自用水泥填入石匣内封固，然后徐徐放入地基底部，即使将来铜鼎及鼎台遇到战争或其他不测的灾难被毁坏了，地基下的石匣铜箱也将永不损坏。

"文化大革命"中，因为原来新街口广场上的孙中山铜像迁于此，孝经鼎一度移到中山陵陵门前的广场上。1985年3月，孙中山铜像迁到藏经楼孙中山纪念馆前，铜鼎又回到原址。

按照中山陵园管理委员会园林设计委员会的原来计划，中山陵广场前应建一座喷水池和一座音乐亭。后来，因为戴季陶和中山大学师生捐建了孝经鼎，喷水池遂作罢，但音乐亭的计划却实现了，而且规模造得很大，称为音乐台。

38 海外华侨捐建的音乐台

孙中山先生奉安南京前后,许多海外华侨纷纷捐款,要求在中山陵周围建造纪念建筑。音乐台的建筑经费中,有以美国三藩市(即旧金山)国民党总支部名义捐的华侨捐款,其余不足款项,由国民党辽宁省党部捐款,总造价9.5万元。音乐台工程于1932年秋动工,次年夏落成,由基泰工程司的著名建筑师关颂声、杨廷宝设计,土方工程由韩顺记承办,建筑工程由利源公司承建。

音乐台的总体设计充分利用了地形,依山就势利用斜坡布置。音乐台平面形式上借鉴了古代希腊半圆形剧场的布局,半圆形的外围是34跨钢筋混凝土花廊,上面爬满紫藤。其圆心处是呈梅花形跌落布置的舞台。全部建筑平面图形就像一把张开的扇面,扇面的圆心处建造舞台。舞台长22米,宽13.3米,高出地面3.3米。舞台后面是一堵用以汇集音浪的大照壁。

民国时期的音乐台是市民休闲佳处

照壁宽 16.7 米，高 11.3 米，用水泥假石镶面，照壁顶端，刻回龙花纹，下面有三个石塑的龙头，内有水管，水从龙头中喷泻而下直达舞台前的荷花池中，形成十分美丽的人工瀑布。1994 年装置了音乐喷泉，伴着袅袅乐曲，股股水柱忽涌忽落，翩翩起舞。

为了防止荷花池中水满外溢，荷花池里面装置有 6 寸直径的生铁水管两道，直通音乐台后面，池水过多时便可由此外泄。舞台前有月牙形的荷花池，半径为 12.6 米，池底原有伏泉，所以不论干旱多久，池内永不干涸。

音乐台保持着原貌

扇形的扇面上是成坡状的大型草坪，半径为 56.9 米。草坪间隔有 2 米宽的水泥步道，把整个草坪分割分 12 块，每一块绿草如茵的草坪，犹如一片观众席，举行大型歌舞演出时，观众可以在此席地而坐。音乐台的外缘，地势比较高，沿着草坪圈筑有一道半圆形的宽 6 米、长 150 米的钢筋混凝土回廊。廊架两侧，栽有一株株紫藤，藤枝扶柱而上，绕于梁架之上，形成一条绿色走廊。廊架之下，设有许多石凳，供游人坐憩。

音乐台建成后，曾举办过多次大型歌舞活动。如 1947 年 11 月，新疆青年歌舞团曾在此举行大型演出。

20 世纪 60 年代，几次中日青年大联欢也在音乐台举行。20

38 海外华侨捐建的音乐台

1945年的音乐台

世纪90年代以来,一些音乐家和艺术家对音乐台的利用开发已引起极大关注,有位中央电视台的著名播音员在音乐台引吭高歌后,连连赞叹"效果太好了"!

近年来,由来自全球多个国家和地区的顶级音乐家演出的"南京森林音乐会"从2015年开始已在音乐台举办了3届,"钟山用音乐和天地对话,南京要让世界倾听……"古典与流行在这里激情碰撞,充分阐释了音乐台的历史文化氛围。

音乐台是中山陵园的著名附属建筑。中山陵建成后,这里逐渐成为一个大型的景观纪念园林,在其周围又陆续兴建了很多著名的纪念性建筑。

39 光化亭的由来

孙中山奉安大典前后,许多海外华侨的纷纷捐赠款项,要求在陵园内建造纪念建筑。陵园决定用华侨捐款在陵墓广场东侧的小山丘顶上建筑一座纪念石亭。

光化亭

这座石亭叫做光化亭,由著名建筑学家刘敦桢教授设计。刘敦桢教授是我国建筑史学科的奠基人之一,对中国古建筑有着精深的研究,曾主编了《中国古代建筑史》一书,在我国建筑界享有盛名。由于这项建筑大部分是石工,所以总理陵园决定由福州著名石厂蒋源成承建。

蒋源成石厂由蒋山斗创办,这时已是第三代,厂主名叫蒋文子。当时,蒋文子已年过半百,技艺高超。他承建光化亭,要求极为严格,石料一律选用上等福建产的花岗石,凡有隙缝、开裂或斑渍的一律不要。雕刻过程中只要有碰坏一点边角的石料，即使已经砌上了也一定要拆下来更换重做。所以，人们今天看到的光化亭，每一件石刻构件无不精细优美，令人叹为观止。

光化亭为八角形，全部石建，不敷色彩。为了保证石亭的牢固，亭基全部挖掘到岩石层为止，然后铲凿平整，加打水泥桩。12根立柱，直径20寸，都是一根到顶，柱端做3寸长榫头对接。凡石料拼接之处，都用了3寸长、1寸宽的铜栓插入接头处，所有的缝隙全部用铅填灌，从而使一件件石料构件接合成一座完整、优美的建筑。

蒋源成石厂在承建这座石亭的过程中也承受了很大的风险，工程于1931年夏开工，原定15个月完工，包价6.5万元，后来因运输石料的船只沉没，蒋源成惨遭意外损失，陵园同意追加2万元奖励金，工程延续到1934年夏才完工。

今日的光化亭四周栽植梅花、桂花、千头柏，亭南侧有一泓葫芦形水池。湖石、假山、垂柳、桃花、山茶等点缀其间，草坪满铺地面，与亭池相连，景色更显幽美。

20世纪30年代初期，位于中山陵东侧的游泳池。

40　行健亭和永丰社

在中山陵园筹建之初，园林设计委员会就计划在陵园大道上做一些景点布置，特别是陵园路与通往明陵路的交会处，若能建一座亭台楼阁，就能起到画龙点睛的作用。

行健亭

行健亭为方形，边长9.3米，高12米，重檐攒尖顶，上覆蓝色琉璃瓦。亭的每个角有4根支柱，4个角共16根柱，均饰以红漆。行健亭为钢筋水泥构筑，十分坚固，陵园内有些木结构的亭子，常遭白蚁蛀蚀，极易损坏。行健亭是著名建筑师赵深设计，外形美观，坚固实用。亭内横梁、额枋、藻井、雀替都饰以彩绘，两重亭顶均覆以蓝色琉璃瓦。在万绿丛中有这么一座红柱蓝瓦、形式美观的亭子，恰如在一片绿色世界中嵌入一枚色彩斑斓的明珠，顿觉生辉。

行健亭四周，设有水泥栏杆，高40厘米，可供游人坐憩。这里是中山陵与明孝陵的中途，凡到此的游人，无论来自中山陵或者明

20世纪30年代的永丰社

孝陵,都已颇感疲劳,见了此亭,又设有坐栏,必定会进来坐憩。古人云:"天行健,君子以自强不息。"行健亭以此命名,真是名副其实。

行健亭于1931年秋开工,由王竞记营造厂承建,包价8 850元,工程进展缓慢,直到1933年夏方落成,王竞记因此被罚工款1 500余元。

在行健亭的对面,抗战前还有一座纪念建筑,叫做永丰社,是专门用以出售陵园花木的地方。永丰社由中央陆军军官学校捐建,造价9 000元,由陵园工务组自行建造,于1933年春落成。永丰社外有一片比较大的草坪,并砌有花坛。抗日战争中永丰社被毁,片瓦无存。1993年,陵园将永丰社按原貌重建,红柱白墙,顶为卷棚式,原来的黑色筒瓦屋面已改为蓝色琉璃瓦,与中山陵取一致的色调。

奉安大典后,孙科多次同人商议,拟成立中山文化教育馆,得到叶恭绰、伍朝枢、吴铁城、张定潘、史量才、黄炎培等人的支持。1933年3月12日,中山文化教育馆在南京总理陵园正式成立,孙科被推为理事长,教育馆的宗旨是阐明孙中山的学说和思想,恢复中华固有的文化,以发扬民族精神,为此,需设立一个强有力的文化团体。1935年3月正式启用新馆址。抗日战争爆发后,中山文化教育馆被彻底炸毁,以后没有再恢复。

另外,同期捐建的还有永慕庐、奉安纪念馆、流徽榭、革命历史图书馆等。唯一以个人名义捐建的,是仰止亭。

41 叶恭绰与仰止亭

流徽榭北面的二道沟侧,有一座小山丘,叫做梅岭。林森把二道沟一带开辟为风景区以后,需要在这里建造一些亭台楼阁,加以布置。这时,叶恭绰先生恰好写信给陵园,表示愿意捐5 000元在陵园建造一座纪念亭。

1930年9月,经总理陵园管理委员会同意后,请光化亭的设计者刘敦桢教授设计,由陶馥记营造厂承建,至1932年秋落成。仰止亭单檐攒尖顶,覆蓝色琉璃瓦,朱红色立柱,额枋、藻井、雀替均饰彩绘,雅丽不俗。

仰止亭

叶恭绰先生给这座亭子起名"仰止亭",是为了表达对孙中山先生无限敬仰的心情。"仰止"二字,出自《诗经·小雅》"高山仰止,景行行止"。在中山陵的所有纪念建筑中,仰止亭是唯一由个人捐建的纪念性建筑,为此,宋庆龄很受感动。后来,叶恭绰身处逆境时,宋庆龄也给予他力所能及的关注。

叶恭绰是广东番禺人,字誉虎,号遐庵。他原是前清重臣,继而又成为北洋"交通系"骨干,曾任北洋政府交通总长,但他服膺孙中山先生的三民主义,拥护孙中山先生救国救民的主张。

袁世凯继任民国大总统后,给孙中山一个"全国铁路督办"的头衔。当时担任交通次长的叶恭绰积极协助孙中山筹划设立全国铁路总公司,规划修筑全国铁路网,被孙中山赞誉为"英俊有为"。

1922年,叶恭绰被迫辞去交通总长,东渡日本,孙中山认为他是个难得的人才,电邀他到广州,委以广东革命政府的财政部长和建设部长。北伐以后,他又曾任南京国民政府的交通部长。抗战期间,他在香港被日军劫去北平,逼他继任大汉奸王克敏的职务,叶恭绰坚决不从,入碧云寺避居。

中华人民共和国成立后,叶恭绰深明大义,追求光明,从香港返回大陆,曾任全国政协常委、中央文史馆副馆长、北京中国画院院长等职。"文化大革命"中,叶恭绰被扣上"封建余孽""袁世凯和蒋介石的黑干将"等罪名,屡遭冲击,身处逆境。

宋庆龄得知后,心中极为不安,立即派秘书前往北京东四灯草胡同30号叶恭绰家去看望,并送去200元钱。叶恭绰深受感动,他老泪纵横地说:"夫人的心意我领了,但这钱我不能收,因为夫人也是靠工资生活,并没有财产。"叶夫人认为宋庆龄是一片诚心,却之不恭。

年逾八旬的叶恭绰用微微发抖的手接过钱,激动地对宋庆龄的秘书说:"孙中山先生是一个脚踏实地的行动者,是一个实事求是的人,是一个意志坚强、不屈不挠的人。我追随孙中山先生多年,希望死后能埋在仰止亭,在九泉之下也能见到孙中山先生。这个意思,请你转告夫人。"

宋庆龄听了秘书的报告后,同意了叶恭绰的恳求,并给他写了复信。1968年8月,叶恭绰先生以87岁的高龄病逝。由于宋庆龄的安排,他的骨灰得以运到仰止亭边安葬。叶恭绰的墓就在仰止亭西侧,长方形的墓碑上刻着"仰止亭捐建者叶恭绰先生之墓"。

42 几经劫难的藏经楼

藏经楼位于中山陵东,灵谷寺西,仿清代喇嘛寺建筑风格。藏经楼包括主楼、纪念广场和碑廊三部分,面积达3 000多平方米。为中国佛教会发起募捐而修建,由建筑师卢树森设计,建业营造厂承筑,1934年11月,藏经楼由中国佛教会发起募建,1935年10月竣工。并于1937年6月29日正式验收。

藏经楼原是佛教会用来研究经典的场所,它收藏了许多珍贵的经书和文物。大都是藏经楼落成后各地佛教人士所赠送或荐送。其中,有泰国人、华侨后裔谢金龙子爵赠送的贝叶梵经两卷和其少年为僧时所着袈裟一件,有总理陵园管理委员会购藏的宋理宗时的《思溪藏》经及元至正年间的《普宁藏》经,约一百五十卷。

藏经楼位于中山陵与灵谷寺之间,是一座仿清代喇嘛寺的古典建筑。

1937年12月,日军炮火将碑廊、僧房击毁,仅主楼残存。所藏佛经、文物均不知去向。抗战胜利后,当时的"国父陵园管理委员会"曾打算修复藏经楼,把藏经楼列入应修复或新建的六项工程之一,并通过国民党政府驻外各使领馆广泛向海外华侨募集经费。无奈募得捐款与所需经费相距甚远,加之国民党在内战中迅速溃败,修复藏经楼最终不了了之。

中华人民共和国成立后,南京市人民政府曾一度将藏经楼改为江苏省国画院。"文化大革命"中,藏经楼再次遭到人为的严重破坏,楼内地板、门窗、电线荡然无存,建筑物被损坏得一片狼藉,碑廊里138块碑刻也难逃厄运,被破坏殆尽。

1985年主楼修复后,开始对外开放。1986年11月,为纪念孙中山先生诞辰120周年,在这里举办了内容丰富的孙中山先生史迹及著作展览,展出了许多具有历史意义的珍贵图片。1987年5月,藏经楼被辟为孙中山纪念馆,僧房和碑廊也得以重建,基本恢复了原貌。

维修后的藏经楼

藏经楼前是宽阔的椭圆形水泥广场,由广场拾级而上经两层平台即到了主楼前。平台下石级正中是八级花台,花台上方临平台处竖有石座,座上是几经迁移的孙中山先生全身铜像。

藏经楼主楼是重檐歇山式宫殿建筑,钢筋水泥构筑,高20.8米,长31.8米,宽12米。楼层挑檐飞角,楼顶覆盖绿色琉璃瓦,屋脊及屋檐覆黄色琉璃瓦,主脊与垂脊以龙凤狮头吻合,脊顶中央饰有紫铜回轮华盖,梁、柱、额枋均以彩绘,整座建筑雕梁画栋,金碧辉煌。主楼外观为三层,实际中间还有一层夹层。

底层为大厅,轩敞明亮,顶部饰有镏金的莲花形藻井,富丽堂皇。藻井正中高悬一盏大吊灯,内置白炽灯。大厅地面铺设印度红大理石,雍容典雅,光洁可鉴。大厅中央矗立着一座孙中山先生半身铜像,创作者是我国著名雕塑家戴广文。

大厅正面壁上是阴刻的胡汉民手书《总理遗嘱》匾额,两侧是孙中山手书的"人类进化""世界大同",蓝底金字,隶书阴刻。大厅四壁嵌挂着反映孙中山从事革命活动的"出国宣传""商讨革命""振聋发聩""讨袁护国"四幅木刻浮雕。二楼是一座走马楼,四周有回廊,可凭栏俯视底层大厅。

回廊北壁为长12米、高1.8米的木匾,宝蓝色为底色,金字阴刻,镌刻孙中山先生手书的《建国大纲》全文。其余各面壁为反映孙中山革命史迹的14幅油画。三楼现为《世纪伟人孙中山》主题展览,主要包括孙中山生平、中山陵建陵、中山陵今昔和孙中山思想四个部分。

主楼后是僧房,两侧的碑廊长125米,左右对称,中轴线上建有僧房5间,两翼有回廊及2座碑亭相连,这是国内罕见的一座大型碑廊。碑廊廊壁嵌有138块河南嵩山青石,其中80多块由冯玉祥将军于1928年底赠送。但是,冯玉祥却没能参加奉安大典,这是什么原因呢?

三民主义碑廊全景

43 冯玉祥为何没能参加孙中山的奉安大典

冯玉祥生于1882年,字焕章,原名基善,原籍安徽省巢县,生于直隶青县,1911年辛亥革命爆发后参加滦州起义。1921年7月后任陕西督军。1924年发动北京政变,推翻直系军阀控制的北京政府,并将所部改称为国民军,任总司令兼第1军军长。冯玉祥对孙中山十分景仰,电请他北上主持大计。

在孙中山北上途中,冯玉祥却迫于形势同反直系的军阀张作霖、段祺瑞妥协,组成以段为临时执政的北洋政府。1925年春,又迫于奉、皖两系军阀的压力,冯玉祥赴张家口就任西北边防督办,所部改称为西北边防军(简称西北军)。

孙中山到达北京的时候,冯玉祥已离开北京,但嘱咐其下属、北京卫戍司令鹿钟麟:"孙先生到京后,一定要尽力保护。"并说:"国民军的队伍,就等于孙先生的队伍,应听从孙先生的指挥。"

孙中山到京后,身在河北的冯玉祥为何一直没能与神交已久的孙中山见面?鹿钟麟在后来的回忆文章中作了解释:当孙先生到北京时,是因为当时的北京,已经是段祺瑞的天下。段祺瑞对孙先生用尽一切手段进行抵制,使冯玉祥感觉到如果与孙先生过于接近,必会招致段祺瑞的

"布衣将军"冯玉祥

更加猜疑和不满。特别是冯玉祥很明白,孙先生之所以北来,是由于他的真诚相邀,等到孙先生抵京的时候,北京局势已与政变初期发生了根本变化,即使见了孙先生,又将如何谈起呢?以至冯玉祥一直没有和孙先生晤面。后来冯玉祥每与我谈及此事,总是耿耿在怀,似有不胜愧对孙先生之感。

孙中山病情加重后，冯玉祥更加惦念。每天都有长途电话来探询病况，在电话中嘱鹿钟麟要想尽一切办法，抢救孙先生的生命，言词恳切，关怀备至。冯玉祥还派其夫人李德全持他的亲笔函来京问候孙先生。

孙中山逝世后，冯玉祥非常悲痛地说："我景仰孙中山先生几乎有20年了。我们彼此之间信使往还也已有多年，但是我一直没有机会和孙先生见面，这在我心中是一件最引为遗憾的事。可是我并不因此稍减我对于孙先生敬爱的深情，我总觉得我自己和孙先生在精神上站在一起，在他的启示和鼓励下，我受到了很大的益处。"从冯玉祥的这些片断谈话中，可以知道他是如何地爱慕孙先生的为人的。孙中山接受他的邀请北上之后不幸病逝，这更不是冯玉祥所料想得到的事。

1926年，冯玉祥在直奉联军进攻下通电辞职。1926年3月赴苏联考察，同年5月加入中国国民党。9月17日在绥远五原誓师，率领西北军出潼关参加北伐战争。1927年宁汉对峙时，举足轻重的冯玉祥站在蒋介石一边，并与蒋介石结拜为把兄弟，为第二次北伐的胜利奠定了基础。

1928年年底，中山陵即将建成，陵园正在积极筹备孙中山安葬事宜，冯玉祥通过孙科向孙中山葬事筹备处表示，愿意捐一批河南嵩山青碑石，在中山陵园镌刻孙中山的《三民主义》全文，得到同意后，他精心挑选了80多块碑石，运到南京，准备放在中山陵正对面的邵家山上，并在邵家山建造一座13层的纪念塔。冯玉祥本来还要参加孙中山的奉安大典，并被指定为奉安大典的警卫组主任。

1929年年初，大权在握的蒋介石通过军事编遣会议"削藩"，搞得冯玉祥、阎锡山、李宗仁等地方实力派十分不满，因各自利益联手抵制，但又各打自己的小算盘。3月份，蒋桂战争爆发，4月下旬，冯玉祥开始部署反蒋军事行动，5月25日，蒋介石以国民政府名义下令讨冯。27日，冯玉祥在内外交困之下宣布下野，返回西北，就根本不可能到南京参加奉安大典了。他的警卫组主任一职早已改由谷正伦担任。

1930年爆发了蒋、冯、阎的中原大战，冯玉祥要在中山陵园邵家山刻碑建塔之事一时化为泡影。1933年5月，冯玉祥在察哈尔组织成立民众抗日同盟军,任总司令。1935年,冯玉祥与蒋介石重归于好,出任国民政府军事委员会副委员长。此时,中国佛教会在中山陵墓东侧建造藏经楼,这批石碑才被用来在藏经楼后建造了一座碑廊,镌刻孙中山的《三民主义》全文。这对于冯玉祥来说,也算是弥补没能参加奉安大典的遗憾了。

三民主义碑刻全文共16讲,15.5万字,分别由张乃恭、陈天锡、连声海、李启琛、叶恭绰、郑洪年、陈仲经、蔡允、胡涤、彭醇士、王宜汉、李宣倜、王贤、邓粪翁14位民国时期书法家书写,陈希平、施纶两君分任校刊。

石刻工程由苏州吴县石刻艺人唐仲芳带领弟子,从1935年3月至1936年8月,历经1年半时间完成,耗资1.7万多元。1936年8月,林森专门撰写了《三民主义碑刻记》。碑刻全为楷书阴刻,风格各异,造诣精湛,具有较高的艺术价值。

"文革"时期,三民主义碑廊的碑文遭到人为的破坏,1986年11月,经国家文物局批准修复碑廊,由中央财政部拨款,省市各方面专家共同研究修复方案,根据南京市档案局所保存的碑刻原文及拓本,逐一按原样重刻,从1986年1月开始,至1989年3月12日孙中山逝世64周年前夕全部竣工,1991年11月安装玻璃镜框,加以保护。

中山陵园内除了各具特色的纪念建筑,还有底蕴深厚的民国公墓和名人墓葬。

三民主义碑廊局部

44 国民革命军阵亡将士公墓

国民革命军阵亡将士公墓位于中山陵东侧的灵谷景区内，1935年竣工。全部建筑规模宏大，共有3座公墓，葬入1000多名阵亡官兵，多数为北伐战争中牺牲的将士。

1928年北伐战争结束，国民革命军取得决定性胜利。11月，中国国民党中央执行委员会决定建造公墓，成立了由蒋介石、何应钦、陈果夫、叶楚伧、刘纪文、黄为材、赵棣华、王柏龄、熊斌、傅焕光、夏光宇、刘梦锡等12人组成的建筑阵亡将士公墓筹备委员会，指定陈果夫、刘纪文、傅焕光、夏光宇、林焕廷为常务委员，黄为材为秘书，林焕廷去世后，由叶楚伧担任常务委员。

阵亡将士公墓筹备委员会最初设在中央党部内，直属中国国民党中央执行委员会领导。公墓的地址经多次研究并实地勘察后，于1929年9月召开第五次筹备委员会会议时，才决定以灵谷寺旧址为公墓墓址。随后，筹备委员会搬到灵谷寺办公，聘请美国著名建筑师墨菲担任公墓的建筑师。1930年1月又加聘中山陵监工工程师刘梦锡为阵亡将士公墓的监工工程师。

墨菲设计的方案包括：第一、第二、第三3座公墓，第一公墓居中，第二、第三公墓分别位于第一公墓东、西两侧偏南的位置，3座公墓形成一个极钝的钝角三角形布局。新建一座纪念馆、一座纪念塔、一座石牌坊，改建金刚殿作为公墓的正门，改建无梁殿作为公墓的祭堂。公墓的布局基本上沿袭了明清时期灵谷寺原有的格局。

阵亡将士公墓由上海陶馥记营造厂以80万元（后改为92万元）包价承建。公墓施工中面对灵谷寺的问题，经筹委会研究，决定把无梁殿前大雄宝殿中的佛像全部归并到龙神庙中，将龙神庙改作灵谷寺。

1934年6月，公墓接近完工时，由于宝公塔正好位于阵亡将士公墓的中轴线上,决定拆迁,并保留宝志这一梁代名僧的史迹,特在其南侧建造了一座志公殿,殿内供奉宝志的画像。1937年动工在宝志墓上重建宝公塔,不久,因抗日战争爆发,工程被迫中止。

改建无梁殿作为公墓祭堂

"阵亡将士公墓"大门

阵亡将士公墓在建造过程中以及建成后,有不少阵亡将士陆续葬入,入葬的阵亡将士包括北伐、抗战和内战三类,主要是北伐战争中阵亡的官兵。

抗战阵亡将士则包括1932年"一·二八"淞沪抗战及后来华北长城抗战的阵亡将士。淞沪抗战阵亡将士代表于1933年6月2日入葬,其中有十九路军阵亡将士代表78名,第五军阵亡将士代表50名,合计128名,以象征纪念"一·二八"之意。

当时还在第一公墓北侧东西两端各立一座纪念碑,分别书写"第十九路军淞沪抗战阵亡将士纪念碑"和"第五军淞沪抗战阵亡将士纪念碑",碑上文字,在抗日战争时期被日伪破坏,但碑柱至今尚存。华北长城抗战阵亡将士代表经抽签确定后于1934年年底入葬公墓。

内战"阵亡"官兵于1934年1月由南昌运来517名,1935年1月又举行代表抽签,但一些高级将领遗骸则由蒋介石直接批准入葬,如1933年2月在江西"围剿"红军时被打死的国民党第五十二师师长李明、第九军第三师少将团长潘国聪等。到1936年建筑阵亡将士公墓筹备委员会结束时为止,第一公墓内共有大小墓穴1 624个,第三公墓有墓穴2 268个。所有的墓穴都用砖块及三合土铺底砌墙,上面用钢筋水泥板封盖。

阵亡将士公墓从1931年3月动工,到1935年11月完工。11月20日,在公墓举行了盛大的落成暨公祭典礼,国民党中央和各界人士万余人参加,蒋介石亲自担任主祭。1936年7月,阵亡将士公墓移交给总理陵园管理委员会管理。

45 规模宏大的谭延闿墓

谭延闿是 1929 年孙中山奉安南京后安葬在紫金山的第一位民国高级官员。安葬在紫金山成为民国时期的高规格待遇。

谭延闿于 1880 出生,字祖庵,曾任湖南省参议院院长、民政部长、湖南省长兼督军、国民革命军第二军军长。相传孙中山曾想把宋美龄许配给他,被谭婉拒。谭延闿在政界八面玲珑,有"药中甘草"之称。1928 年 2 月首任国民政府主席,10 月退任行政院院长。谭延闿还是个美食家,好吃燕窝鱼翅,早早落得个"三高",大肚便便。

1930 年 9 月 21 日午后,谭延闿带着儿子、女婿到南京的小营观看赛马,因时间太久,忽感身体不适,突发脑出血,侍从和警卫立即把他扶上汽车,谭延闿这时表示要马上到中山陵看看,车子开到中山门时,谭延闿已不能讲话,于是立即调转车头,马上赶回到成贤街家中,到家时,谭延闿已失去了知觉,匆忙赶来的医生已回天乏力,一直拖延到 9 月 22 日上午 9 时 50 分在家中病逝,终年 51 岁。

中原大战期间,谭延闿坐镇中枢,免除前线督师蒋介石的后顾之忧。当蒋介石接到谭延闿逝世的电报时,深为叹息地说:"吾党又弱一个矣,悲哉!"并亲自致电谭延闿之子谭伯羽等:"顷接京电,惊悉尊公急病仙逝,痛悼曷极!前方军事未终,不获回京送殓,尤以为憾。尊公之逝,为党国极大不幸,后死者唯有勉为继述,冀慰其在天之灵。深冀世兄等勿过哀毁,善襄大事为幸",同时又嘱托在南京之要员妥为治丧。

谭延闿去世当天,国民政府即令财政部拨发治丧费 1 万元,派宋子

谭延闿

文、钮永建等负责治丧。胡汉民有一副挽联代表了当时大部分人对他的评价:"景星明月归天上,和气春风在眼中",众人对他尊崇备至。随后,国民政府又明令为他举行国葬,设立"谭故院长国葬典礼办事处",负责安葬的具体事宜。

前去参加谭延闿国葬的蒋介石、于右任、戴季陶等国民政府高官

谭延闿国葬时的祭台

规模宏大的谭延闿墓

谭延闿墓道

9月23日举行大殓,停灵于中央党部。国民政府明令褒扬,派员治丧。国民政府中枢会议为此停开三天。国民政府发布命令:所有南京各机关自是日起,京外各机关应自奉到电令之日起,下半旗三日,停止一切娱乐及宴会,以志哀悼。外交部函知各国公使悼念之意。

9月25日,国民党中央政治会议决定为谭延闿举行国葬,并推立法院副院长邵元冲与李文范起草国葬条例,27日由立法院通过,10月18日国民政府明令国葬。这是民国史上第二部《国葬法》。10月2日,蒋介石以祭文寄回南京,致祭谭延闿。9日下午,蒋介石由郑州乘机返回南京,在住所稍事休息后,即前往谭宅吊丧,并亲自过问谭墓的选址。

10月17日举行移灵典礼。18日,国民政府中央各院部分别公祭谭延闿,当时的全国各地国民党党部也召集党员举行公祭仪式。当时的各大报纸纷纷进行了相关报道,可以说是声势隆重。因陵墓工程非一朝一夕所能完工,故于1931年9月4日举行了国葬典礼。1931年年底,胡汉民被蒋介石软禁在汤山,失去谭延闿折中调和的胡汉民也开始更加怀念这位老友了。

1933年1月9日,举行了谭延闿纪念堂落成典礼。从此,谭延闿安葬在南京紫金山中山陵旁边,极尽哀荣。蒋介石挽之曰:"故国仗同心,揩拄艰危,大难将夷公竟逝;匡时赍伟略,绸缪建设,群伦失望我逾悲。"民国学术大家、当时的社会名流章炳麟挽之曰

民国时期的谭墓祭堂外景

现在的谭延闿墓墓园

"治大国若烹小鲜，何曾食万钱，湖广理万事；乐与饵而止过客，负羁全其室，康成保其乡。"

在举行盛大国葬的同时，国民政府在灵谷寺东北兴建谭墓，由著名建筑设计师关颂声、朱彬、杨廷宝设计,1933年建成,占地20万平方米,分为龙池、广场、祭堂、墓室四个部分,景色优美。

牌坊柱上原有一副对联:"凤翙鹰扬一代羽仪尊上国,龙蟠虎踞千秋陵墓傍中山。"这也表明谭墓的选址与中山陵之间的关系。谭墓的设计是煞费苦心的,为了有别于中山陵的严谨对称的格局,设计者们利用原有山水地势,因地制宜运用园林设计手法,将谭墓构筑成曲折幽深、具有江南园林特色的墓园。

谭墓中部分构件来自圆明园,另外汉白玉华表、石狮、花盆等,原为北京昌平咸丰朝重臣肃顺墓前遗物,民国初期,被北京一古董商所收

民国时期的谭延闿墓墓碑,现已改为"灵谷深松"四字。

购,后被时任中央古物保管委员会主任的张继扣下,赠献给谭墓所用。

"文化大革命"中,谭墓受到较大破坏,临瀑阁、虹桥、水亭等建筑遭到破坏,墓穴被炸毁,尸体被焚化。1981年,谭墓得以重修,建筑原貌恢复,铜鼎及祭台、汉白玉花盆等均为原物还原。蒋介石题书的"中国国民党中央执行委员行政院长前国民政府主席谭公延闿之墓"石碑改成"灵谷深松",仍由赑屃驮在碑池。

46 廖仲恺的"国葬"与何香凝的合葬

确定中山陵的选址后,国民党要员安葬在南京紫金山是一种厚遇。一些先逝的民国元老迁葬紫金山,更是一种特别的荣誉。

1925年8月,廖仲恺遇难后,国民党中央为褒扬他追随孙中山投身革命、协助改组国民党、建立党军、领导工农运动的功绩,广州国民政府做出"特颁治丧费1万元,准予国葬"的决定,并决议将他附葬在南京紫金山中山陵之侧,长伴孙中山左右。但当时国民革命军尚未北伐,中山陵也还没完工。经何香凝与朱执信夫人商定,廖仲恺遗体暂行运往沙河,"附葬执信墓傍,待北伐成功,然后迁葬"南京紫金山。

1926年2月,根据何香凝和孙科等的提议,经会议议决:廖仲恺国葬经费指定拟数为大洋五万元,张静江、陈果夫、戴季陶、孙科、林焕廷为廖仲恺先生葬事筹备处委员,负责进行相关事项。

1935年初,何香凝有感于廖仲恺一生为国操劳然逝世十年仍"附他人之傍",向国民党中央提出加快筹备迁葬事宜。2月初,国民党中央执行委员会通过决议,推举产生了以张静江为主席,孙科、戴季陶、林焕廷、陈果夫为委员的廖仲恺葬事委员会。

1935年6月7日,迁葬工作正式开始。灵榇迁离后,廖家亲友在原地竖立纪念碑,由柳亚子撰写碑文、于右任书字。6月13日上午九时,在广东省参议会礼堂举行公祭,由林云陔、刘纪文分别主祭,省市党部、省市政府及各界代表千余人参加。十二时半,由广九路火车运往香港,

廖仲恺

暂厝尖沙咀车站。

6月14日晨十时,在尖沙咀车站举行公祭,下午六时由法国邮轮亚林美斯号北运,何香凝、许崇清扶榇通行。后经上海于18日抵南京下关火车站,灵榇在哀乐声中,被缓缓运往中山陵园的暂厝处志公堂。

6月21日上午,在灵谷寺志公堂举行了公祭仪式。汪精卫、孙科、叶楚伧、于右任、陈树人、蔡元培、朱培德等30余位中央委员前往致祭,参加公祭的还有中央军校师生400多人,以及廖仲恺夫人何香凝、廖仲恺之弟廖恩勋、廖仲恺之女廖梦醒。八时,祭礼开始,推定叶楚伧主祭,领导行礼,献花圈,并读中执监会祭文。

8月底,廖仲恺墓墓穴竣工。8月30日晚,何香凝赴南京与陈树人商洽安葬事。9月1日,国民党中央举行安葬仪式,在南京的中央委员、党务工作人员、中央军校、各机关代表五六千人参加。汪精卫事先以治病为由前往上海,故缺席。安葬仪式由叶楚伧主祭,将廖仲恺的灵柩缓缓放入墓穴中,并盖以白布。

民国时期的廖墓

墓穴前竖立了一通高大的墓碑,碑的中央书写着"廖仲恺先生之墓"七个大字,为国民政府主席林森所题。参加仪式的除了何香凝及其亲属外,还有邵元冲、张治中以及各界代表共五千余人。葬礼结束后,廖仲恺墓地的地面工程,包括广场、墓前的甬道等等,则又花费数月时间才完全竣工。至此,这一时跨十周年的国葬典礼才告完成。

何香凝在建造廖墓的时候,就要求建成合葬墓的形式,预先给自己留下了安置棺柩的位置。1972年9月1日,何香凝在北京病逝,灵柩由专车送往南京,在廖仲恺墓地举行了隆重的安葬仪式。

廖仲恺墓由中国国民党中央执行委员会于1927年开始营建,设计者是著名的建筑师吕彦直。墓地范围约1.33万平方米,依山就势而筑,建有碑亭、石阙、平台、祭亭、墓穴等建筑。碑文原是林森所题的"廖仲恺先生之墓"七个大字,何香凝合葬入廖墓后,由廖承志改书"廖仲恺、何香凝之墓"刻于碑上。

廖仲恺、何香凝之墓

47 附葬中山陵园的范鸿仙

在钟山东麓马群附近,安息着一对老同盟会员夫妇,他们是辛亥革命先烈范鸿仙和他的夫人李真如。

范鸿仙,1882年生于安徽省合肥一个贫苦农民的家庭,1908年春离家赴上海投身革命,加入同盟会,与章炳麟、宋教仁、陈其美、于右任等往来密切,在于右任创办的《民呼日报》中任主笔,揭露清朝官吏的腐败黑暗,鼓吹革命。后与于右任创办《民吁日报》《民立报》,继续撰写文章,为革命呐喊、呼吁,为广泛宣传革命作出了贡献。

1912年元旦,孙中山在南京就任临时大总统。范鸿仙受命赴皖北招募民军,计划招募四个整师,号称"铁血军",然后出师北伐,扫荡中原,以武力推翻清朝统治。不久即募到五千余人,编为两个支队,范鸿仙任总司令。袁世凯接任临时大总统后,范鸿仙停止招募,辞去铁血军总司令职,返回上海复任《民立报》总理兼主笔。

范鸿仙

1913年7月,"二次革命"爆发,范鸿仙从上海回到安徽芜湖,发动讨袁活动。"二次革命"失败后,袁世凯悬赏10万元通缉他,范鸿仙被迫逃亡日本,继续追随孙中山从事讨袁活动。

1914年,孙中山在日本创建中华革命党,范鸿仙参与筹建工作,并被指定为中华革命党上海地区讨袁军事负责人。不久,他奉孙中山之命回上海发动反袁军事斗争,不料为袁世凯密探发觉。9月20日深夜,他在戈登路总部起草军书时,突然闯入四名袁世凯的特务,将他枪杀。

范鸿仙遇刺的消息传出后,举国震惊。孙中山电召范鸿仙夫人李贞如到日本,亲予抚恤慰问,答应"待革命成功后,定将为鸿仙举行国葬"。1928年7月,中国国民党中央决定将范鸿仙附葬于中山陵园内,并拨给葬费2万元,随即由卫立煌等十余人组成范鸿仙先生葬事筹备处。

1935年3月21日,国民党中央决定将他的事迹宣付党史,增拨葬费2万元,由国民政府追赠陆军上将,明令褒扬。同年11月,国民党中央又派人到上海,将范鸿仙的灵柩迎到南京,暂厝于第一公园烈士祠内。1936年2月19日,国民政府为范鸿仙举行国葬。在第一公园公祭后,移至陵园安葬。

范鸿仙墓原来规模很大,有牌坊、祭堂、碑亭、石阶、墓包等。抗战中,祭堂被毁,十年动乱中,范鸿仙墓遭到彻底破坏。1972年10月21日,国务院指示修复范鸿仙墓,江苏省革委会随即根据国务院指示着手修复范墓,并将范夫人、老同盟会员李贞如的遗骨由汤山坟头运来合葬。修复后的范墓仅存一座长方形的水泥墓包,墓前的石碑上书"范鸿仙先生之墓",下首一行"夫人李真如于1973年4月合葬于此"。墓周围有一片水泥平台,市文管会将范鸿仙墓定为市级文物保护单位。

范鸿仙之墓

48 历经沧桑的韩恢墓

中山门外卫桥东侧有一位民国初年的烈士墓,这是参加过辛亥革命、二次革命和讨袁护法的革命志士韩恢之墓。

韩恢,江苏泗阳人,1887年生,他幼年读私塾,因家境不济辍学。1909年,韩恢在镇江加入了赵声、冷遹的新军,赵、冷二人都是该军中早期加入同盟会的会员。在赵声、冷遹的影响下,韩恢加入了同盟会,积极从事革命活动。1911年,韩恢参加黄花岗起义,后又参加攻克南京的战役。1913年7月,孙中山在上海发动二次革命,讨伐袁世凯。

袁世凯死后,韩恢随孙中山南下广州,参加护法运动。1920年,他奉孙中山先生之命开辟苏北地区。1922年6月,陈炯明发动叛乱,孙中山广州蒙难。韩恢立即赶赴广州,组织讨逆军,率500人与叛军激战,因寡不敌众而失败。

韩恢

韩恢回到上海后,决心重新组织人马再回苏北打开局面。江苏军阀齐燮元得知这一消息后,便密令上海淞沪警察厅长徐国梁抓捕韩恢。1922年10月28日,韩恢在戏院看戏时,被密探发现拘捕,随即解往南京。11月1日,齐燮元下令在小营将韩恢秘密枪杀。1923年,孙中山回到广州成立大本营,下令追赠韩恢为陆军上将。

1928年11月1日,南京国民政府在第一公园烈士祠内,隆重举行了韩恢烈士殉国6周年纪念大会。烈士遗骸从小营迁葬于中山陵园卫岗,烈士的部分血衣和生前遗物,当时还公开陈列。

韩恢墓坐南朝北,原有牌坊、墓道和墓冢等。牌坊是一座单门

韩恢墓之牌坊

冲天式青石建筑,高约3.5米,宽约3米,额枋横刻于右任手书"烈士韩恢墓道"六字。两侧立柱上镌刻由于右任题书的挽联:"杀身以成仁志在党国,荣封建华表永慰英灵。"东边立柱的内侧,还有一行小字:"南京珍珠桥卢正兴石铺建造。"穿过牌坊,原有一条长约80米,宽约2米的墓道。墓道尽头便是墓冢,墓冢建于石砌的高台上,呈圆形,直径约5至6米,高约2米,底边周围是一圈石块砌成的挡土墙,高约0.6米,上面堆成土包,周围松柏环绕。

十年动乱中,韩恢墓遭到严重破坏,牌坊被推倒,断成数截,上面的石刻文字被铲去,墓冢荒废,砌石被洗劫一空。1988年修复韩恢墓时,已无法按原貌恢复墓园和墓道,只能因地制宜,加以重修。唯一的原物是青石牌坊,断裂的石柱重新接好,仍竖立于原来的位置上。于右任手书的"烈士韩恢墓道"重新刻于横额上,但于右任书写的挽联已无法找到原样墨迹,只得请书法家刘竣川先生照原文书写,再刻于石柱。牌坊后即是新造的墓冢,墓冢建于一块约4.5米见方的水泥平台上,呈半球形,底圈周长7.6米,高约1.3米,宽0.55米,正面隶书阴刻"烈士韩恢之墓",背面隶书阴刻碑文。

49 没能入葬中山陵园的国民政府主席林森

民国时期内忧外患,1937年抗战全面爆发,国民政府迁都重庆,任职时间最长的国民政府主席林森因逝于重庆就地而葬,没能入葬中山陵。林森为中山陵的筹建做了大量工作。

林森生于1868年,字子超,福建闽侯县人,出身寒微,1905年加入同盟会。1912年,中华民国南京临时政府成立,林森首任参议长,参与了创造共和的诸多关键决策。他与孙中山、袁世凯都共过事。袁世凯篡权及北洋军阀统治时期,他又辗转奔波,致力于再造共和。孙中山病逝于北京后,林森参加治丧、公祭等活动,后被推为孙中山葬事筹备委员会委员,并到南京紫金山为孙中山选择墓地。

林森后来又被葬事筹委会推为常务委员,主持中山陵工程,并兼任陵园计划委员会委员,直接负责陵园的整体规划。他埋头致力于筹建中山陵,对中山陵的建设十分用心,倾注了一生心血。

中山陵兴建初期,陵墓范围只有133.33万平方米,林森认为范围太小,难以发展。他提议为表彰孙中山先生的丰功伟绩,应该把紫金山全部划入陵园范围。他还责成陵园技师傅焕光在陵园广植桂花、梅花等四季花木。正是因为林森的主张,中山陵才得以如此宏伟。

陵园修建初期,林森有一个庞大的计划,他要把陵园建设成全国自然公园的模范。对一些个人和团体"附葬"陵园的请求,能拒绝就拒绝。为了制止"附葬"风,林森在1933年1月28日的陵管会会议记录上补加批示:"陵园土地均有相当用途,此后各处所请拨给土地一律拒绝。"

为了保持中山陵庄严、肃穆的气氛,林森对不少单位和个人在陵园内建造各种建筑物的请求,采取十分慎重的态度。凡有纪念意义或能增进陵园景色的,他就给予支持;而对一些与陵园气质不相称的建筑,他就坚决反对。如1930年广东省请求在陵园内建孙中山故居。林森认为孙中山没有在陵园内住过,建这样的故居

祭堂两侧的华表系林森督办制作安装

桂林石屋遗迹尚存

毫无意义,因而拒绝。

　　林森作为孙中山的忠实追随者与积极合作者,一直对孙中山敬仰有加。特别是在孙中山逝世后,他耗尽心血,为孙中山建造陵寝,树碑立传,并率先提出尊称孙中山为"国父"的动议,无疑对弘扬孙中山的业绩和精神遗产起到极其重要的作用。

1931年12月,蒋介石下野,林森被推为国民政府代理主席,但不负实际政治责任。28日,林森正式当选为国民政府主席。林森官邸在国民政府西侧的石板桥。1932年,广州市政府在中山陵东与灵谷寺西之间为林森捐建一座石屋。石屋分两层,用青龙山石砌筑,四周遍植桂花,故名桂林石屋。

1937年秋,侵华日军疯狂轰炸南京,判定这幢与众不同的青灰色建筑是国民政府高官的住宅,即投弹轰炸,别墅顿时毁于火海。中华人民共和国成立后,由于桂林石屋成了一片废墟。遗址现在四周苍翠葱郁,布满青石砂砾,从坍塌的轮廓可以寻觅到石屋遗存。

林森为官处世,不喜张扬,做事低调,奉行"不争权揽利、不作威作福、不结党营私"的"三不"原则,讲究"无为而治",而并不是"无所作为",该做的事,他向来是当仁不让的。特别是在抗战期间,林森是抗日态度最坚决的。

1943年8月1日,林森因车祸在重庆逝世,终年75岁,国民政府为他举行隆重的国葬,葬于重庆市歌乐山南麓"林园"内。林森没能入葬紫金山,是因为逝于异地及战事原因,而有位国民党元老逝于南京,当时虽然没能附葬中山陵,后来却得以迁葬中山陵。他就是被蒋介石暗杀的邓演达。

1943年,林森去世后,在陪都重庆举行了隆重的公祭活动。

50 被蒋介石暗杀的邓演达

邓演达,生于1895年,广东省惠阳县人,从小受到孙中山先生革命思想的影响,14岁就参加了同盟会。1919年保定军官学校毕业后,追随孙中山从事革命,是筹办黄埔军校的七名筹委之一。

1924年,黄埔军校成立后,邓演达先后任训练部副主任、学生总队长、教育长等职,积极支持蒋介石工作。北伐时,邓演达担任国民革命军总司令部政治部主任、总司令部武汉行营主任。邓演达积极支持两湖地区蓬勃发展的农民运动。蒋介石发动"四一二"反革命政变,邓演达发出"讨蒋通电"。第一次国共合作失败后,邓演达离开武汉,前往苏联,与蒋介石决裂。

1930年,邓演达回国后,秘密联络郑太朴、章伯钧、黄琪翔、朱蕴山、季方等爱国人士,在上海成立"中国国民党临时行动委员会"(中国农工民主党的前身),并联络各方面的反蒋力量,准备以武力推翻蒋介石的统治。蒋介石对邓演达既恨又怕,派王柏龄到上海,会同上海警备司令部,勾结上海租界当局,悬赏30万元缉捕邓演达。

1931年8月17日,邓演达在上海愚园路被捕。蒋介石欣喜若狂,急令将邓解往南京。当时正值宁粤分裂之际,蒋

邓演达

介石曾企图诱请邓演达出面调解,许以中央党部秘书长或总参谋长等职,任其选择,都被邓演达拒绝。

后来,戴季陶向蒋进言说:"今天可怕的敌人,不是汪精卫、陈济棠,真正能动摇政府根基,分散黄埔力量的,只有邓演达一人。"何应钦、何健、何成浚等也联名致电蒋介石,要求杀邓演达,说:"此

人不杀,不足以安天下,慰党国。"至此,蒋介石最后下了杀邓演达的决心。

1931年11月24日,宋庆龄得知邓演达被蒋介石秘密逮捕的消息,专程从上海赶来南京,探望邓演达。11月29日夜间,蒋介石就派他的卫队长王世和率领几名卫兵,把邓演达押至南京麒麟门外沙子岗秘密杀害,年仅36岁。

邓演达被害的消息直到12月5日前后才透露出来。他的哥哥邓演存及其生前好友和行动委员会的同志于殉难处寻获遗体,满身血污难以辨认,只有他所穿的棉衣才能确认是邓演达遗体,便置棺殡殓。他的同学和好友、京沪卫戍司令长官陈铭枢在邓演达殉难附近的小营岗修坟立碑,由陈铭枢题碑文:"故友邓择生先生之墓"。

1953年春,时任江苏省副省长的季方提议,在紫金山南麓选择墓址,迁葬邓演达。后以灵谷寺东侧的国民革命军阵亡将士公墓第二公墓作为邓演达墓的墓址。这样,邓墓就能与廖仲恺墓以中山陵为中心,东西对称。

1957年11月29日,邓演达遇难26年后,中国农工民主党及江苏省各界人士为烈士举行了安葬公祭典礼。"邓演达烈士之墓"为何香凝所题。

邓演达墓

51 蹊跷的日本副领事失踪事件

中山陵建成之后，因其特殊的地位和影响，备受社会各界瞩目，在此发生了各种事件，直接见证了中国现代历史的风云变幻。抗战爆发前的"藏本英明失踪"事件就被闹得沸沸扬扬。

在国民党内部权力斗争的同时，日本觊觎中华之心历来已久。1934年3月，日本一手策划并导演将伪"满洲国"改为"帝国"的闹剧，溥仪被扶上了傀儡皇帝的宝座，并改年号为"康德"。与此同时，日本帝国主义蓄意制造事端，进一步加快了侵略中国的脚步。

1933年，日本侵略军占领我国长城。

日本政府决定以损失一名日本驻华领事的生命作为代价，换取全面侵华战争的借口。这个"以死来嫁祸中国"的重任落到42岁的日本驻华副领事藏本英明身上。想到即将赴死，藏本心里极度消沉，特别割舍不下的是随他同住南京的漂亮温柔的妻子和乖巧的儿女。他向总领事须磨要求回家看看后再去执行任务，但遭到严词拒绝。

6月8日傍晚,在须磨的陪同与鼓励下,藏本默默走出日本领事馆,步行出了中山门,慢慢走到明孝陵,再去中山陵,爬上紫金山。如何死呢？他尚未拿定主意。夜深了,他想到家中妻儿伴灯苦等的情景,不仅潸然泪下,又想到自己在华做外交官多年,对博大精深的中国传统文化敬慕、欣赏,并有了一定的感情,而用阴谋嫁祸于人的做法将成为历史的罪人！他始终下不了决心去死。就这样,他在山上徘徊、痛苦,度过了三天。

藏本出走后的第二天早晨,日本总领事须磨即打电话给首都警察厅的厅长陈焯,告知副领事藏本昨日傍晚外出一夜未归失踪之事,请警察厅寻找,并介绍了藏本的衣着特征。

对于一个日本驻南京副领事莫名其妙的"失踪",国民政府深感事态严重,当即全力投入了紧张的大搜寻。为扩大搜寻线索,宪兵司令部和警察厅还在南京各家报纸刊登大幅广告,悬赏寻找藏本英明,宣布"无论何人,如能将该副领事藏本英明氏直接寻

日本驻华副领事藏本英明

获,赏洋一万元,能知该副领事踪迹,报告本厅部因而寻获者,赏洋五千元"。

须磨开始不断打电话催问中国警方,口气变得一次比一次强硬,申言藏本被中国人加害了,若是三天之内找不到藏本,或是只见到死尸,日本定向中国采取军事行动。与此同时,日本调来八艘军舰,虎视眈眈停泊在下关长江之中。面对如此突然事变,中国政府事先一点儿没有提防,南京城内并无军事准备。

日本军舰虎视眈眈,须磨作为日方代表,向中国外交部提交照会：所限三日时间一到,中国若还找不到藏本活人,或是只能交出死尸,日本将向中国采取军事行动。这一事态立即引起国际注意,国外许多报纸纷纷在头版以醒目字体报道此事。

此时的藏本在紫金山上已熬了三日,没有去死,疲惫不堪。13日,藏本被人发现后被带到了"首都警察厅"。陈焯摆上备好的饭

菜款待。饭未吃完，须磨来了。藏本一见须磨，放下碗筷，浑身瘫软，靠住椅背。

须磨假意致谢，藏本自走进警察厅到离开，始终闭着嘴不发一言，显得心事重重。藏本的突然"回归"显然是日本政府没有料到的，藏本的突然出现，使日本对中国的一切指诬都不攻自破。日本政府的狼狈和尴尬可以想见。

据说不久藏本被遣回日本，船未及靠岸，就被秘密处决葬身大海了。

事后，为了捞回一点儿面子，日本外务当局发表谈话，不顾事实地声称，中国当局"对于发现后疲劳的藏本氏，强制地使其陈述，又不使我官员到场"，谎称藏本"身心俱缺乏平静，陈述亦不明了确实，故关于今后之措置，俟藏本之心身回复后，调查事情，再行考虑"。

日本导演的这出与卢沟桥事变相似的事件，欲借此要挟中国，向中国用兵。所不同的是藏本被南京首都警察厅找到并交还日本领事馆，日本失去借口，悻悻然不得不暂时作罢，否则日本全面侵华战争也许会提早到1934年开始。

藏本"失踪"事件过去后，日本军国主义仍没有停止对中国的挑衅和侵略。1937年7月7日夜，日军故技重演，在北平卢沟桥附近演习，借口一名士兵"失踪"，要求进入宛平县城搜查被拒后，向中国守军开枪射击，又炮轰宛平城，日本全面侵华战争终于爆发。

52 续范亭为何选择在中山陵剖腹自杀

民国时期的中山陵园作为"国父"精神的象征,寄托着国家与民族的希望和未来,在国家意识形态和民族精神中占有举足轻重的地位,享有至高无上的尊崇地位。民国时期,每当国事日非,中山陵的民众谒陵活动,常反映出人心动态和国家大势。

"九·一八"事变后,东北三省相继沦陷,日本帝国主义疯狂侵略中国,大敌当前,国难深重,许多国民党将领大声疾呼救亡图存,全面抗战。时任西北绥靖公署驻甘肃行署参谋长的续范亭就是其一。

续范亭生于 1893 年,山西崞县人,早年参加孙中山领导的同盟会。1911 年辛亥革命时,任革命军山西远征队队长,后组织西北护国军,讨伐袁世凯。1925 年前后任国民军第三军第二混成支队参谋长、第六混成旅旅长、国民军军政学校校长。大革命期间受冯玉祥聘请,在西安担任军事政治学校校长,与共产党人最早有过接触。后来一度归隐,"九·一八"后出山练兵准备抗战,但其抗战主张得不到政府的理睬。

续范亭

1935 年 11 月,国民党第五次全国代表大会在南京召开。他以一个老国民党员和西北地区代表的身份千里迢迢由兰州来到了南京,对这次大会寄予了很大的希望。然而,出席这次会议的代表们整天忙着请客吃饭、跳舞、打牌、看戏,花天酒地,醉生梦死,整个南京城内一片乌烟瘴气。

续范亭在南京待了一个多月,竟然无人理睬,他忍无可忍,作了一首《绝命诗》:"赤膊条条任去留,丈夫于世何所求?窃恐民气摧残尽,愿将身躯易自由。"12月26日下午,续范亭身带《绝命诗》,撇开众人,穿戴整齐独自坐车到中山陵,声泪俱下地祭奠完孙中山之后,便掏出锋利的匕首,毫不犹豫地朝自己的腹部捅去。顿时,鲜血四溅,便昏死了过去。现场的管理人员和好友发现续范亭后,赶紧驱车将他送往南京中央医院抢救,才挽回性命。

续范亭救国无门,在中山陵剖腹明志,消息传出,令朝野震动,唤起了全国民众要求一致抗日的热潮。遇救不死的续范亭继续为抗日奔走。他赞同共产党停止内战、团结抗日的主张。

1937年9月,续范亭任第二战区民族革命战争战地总动员委员会主任委员,与共产党人合作创建山西新军。1939年,他参与指挥反击国民党顽固派的战斗。续范亭加入了中国共产党,1940年任晋西北军区副司令员。为中国的抗日救亡做出了重要贡献。1947年9月,续范亭病逝于山西。

续范亭血洒中山陵的壮举,永留青史,值得后人纪念和追忆。

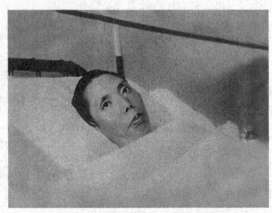

在中山陵剖腹明志的续范亭

53 中山陵园在抗战前期成为军事阵地

建成后的中山陵园游人如织,成为南京的游览佳处。然而,抗日战争的烽火未能使中山陵园罹难于外,国民政府被迫采取防御措施。1934年《中央党部防空计划书》中特别规定,总理陵墓是防空四大重点地区之一,其理由主要是:"总理安息之所,我全体党员全国国民之精神实托于此,倭寇残狠,何所忌惮,一旦有事,设若犯及陵寝,震撼全国人心而我全体党员更将何以自容耶?"

1936年年初,总理陵园管理委员会就开始有条件地允许军方介入陵园地区,加强保护。9月,中山陵园被编为防护团区13区团,马湘任正区团长,在警卫处办公。年底,步兵学校抗炮连奉令到左所村建筑防空阵地。

1937年年初,军方在陵园范围内的明平路、三茅宫、板仓村、王家湾、陵园东区事务所、东北区事务所六处建立守备兵营。同年春,总理陵园管理委员会办公地点迁至陵墓西派出所,在防护团的指导下,陵园地区逐渐建立防空的地下室、避难室、避难所,并配置通讯设备和防护设备。8月,警备司令部所属山炮连到蒋王庙及黄马、青马地区构筑野战炮兵阵地。这些军事布置在随即到来的保卫战中发挥了重要作用,使日寇数日不能前进一步。

此外,总理陵园管理委员会还同意南京警备司令部办理封锁紫金山事宜,取消、停发猎狼执照,禁绝游客上山,并协助修建了铁丝网栏、岗亭等一系列封锁工程,如环陵路上五棵松、梗子脚、黄马、岔路口等四座岗亭就是由陵园代建的。参谋本部还曾指示陵园方面栽培爬山虎等植物掩护工事。

1937年12月,日军侵犯南京,中山陵园成为防空备战的军事重地,保卫南京的前沿阵地和抗击日军的壁垒。

12月9日,日军分左、中、右三路向南京城猛扑,中路主力沿京杭公路进犯,在麒麟门与教导总队骑兵营遭遇。骑兵营边打边

日本"96"式战机在中山陵上空肆虐飞行

被日寇炮弹击中受损的铜鼎

退,沿仙鹤门等地撤到紫金山以北徐坟一带,担任总队左侧警戒。同时,防守老虎洞的第五团因阵地突出,在敌军步、炮、空协力猛攻下,伤亡过半,被迫退至紫金山第二峰东侧山顶。夜晚,日军得寸进尺,激烈争夺老虎洞西侧、体育场、马群、孝陵卫街东侧一带地区。夜半后,第一、三、五团守军,奉令放弃前线阵地,退至紫金山第二峰中山陵东侧、陵园新村一带主阵地,激战彻夜。

10日拂晓,敌炮兵猛烈地向我军主阵地逐段加强射击。日军坦克分两路引导步兵向前猛冲,日军还利用气球高空侦察,引导炮兵射击,并出动空军轰炸。中国军队进行有力反击,利用反坦克炮摧毁了两辆坦克,并用机关枪、手榴弹严重杀伤敌军。激战一天,硝烟迷漫,地动山摇,双方伤亡惨重。

11日,敌我双方仍持胶着状态,中国军队利用熟悉的地形、坚固的工事,顽强抵抗,迟滞了日军攻城的时间。当晚,日军采用火攻,紫金山东段高地淹没在烟火之中,燃烧了半夜。日军兵临南京城下,用大炮轰击中山陵。中山陵第六层平台西侧那尊铜鼎的外壁上,现今仍遗留有一大一小两个孔,便是那时被日军炮弹击穿的。拱卫队员们集体写下决心书,"与中山陵共存亡",并在孙中山陵寝旁举手宣誓,共有26名拱卫队员英勇捐躯。

紫金山上的抗战时期碉堡

12日,日军在不断增援的情况下,展开全面进攻。激战至天黑,防守第二峰的第五团防线被突破,第一团也从西山撤到卫岗一带防御。因此,据守中线的第三团被迫退守梅花山至天堡城一带。其时,桂永清、胡启儒等教导总队高级军官贪生怕死,弃军逃跑,而团以下官兵却艰苦奋战。当天夜晚,终因众寡悬殊,残剩的中国守军组织突围而去。中国军队在陵园地区浴血奋战四昼夜,为抗战时期的陵园谱写了一曲悲壮的正义之歌。

在南京保卫战中,陵园地区几乎每处都是反复争夺的阵地。日军动用大炮、坦克、飞机,并采用火攻,对陵园破坏很大,"除陵墓主体及大部分纪念建筑等损坏较微、尚称完整外,其余房屋、道路、林木、苗圃等,均被日寇摧为平地"。中山陵台阶西侧那尊铜鼎的壁上的两个孔,就是当时日军炮弹击穿的。

54 沦陷初期的"伪中山陵园办事处"

抗日战争全面爆发后,国民政府中就有人提出将孙中山遗体迁至重庆。工程建筑师们认为总理遗体葬在墓室地下深处,已用坚固厚实的钢筋混凝土密封浇注,只有用大剂量炸药才能打开封闭层,在爆破中必将损坏棺柩和遗体。移灵方案因此作罢。

日军侵占南京后,总理陵园处于无人管理的状态。日军田中部队、涡川部队进驻陵园,在陵园内乱划军区,将果园一带划为军农区,附设畜牧场,设置木牌,并在陵园内举行军事演习。紫金山森林遭到严重破坏。

抗战前期,中山陵建筑加上防护层。

1938年3月28日,汉奸梁鸿志等在日军监护下宣告成立"中华民国维新政府",后曾设立南京特别市园林管理所,派军警巡护紫金山一带。入冬后,南京城里燃料缺乏,柴火昂贵,大批贫民成群结队上山伐树,伪警员不敢制止。

11月28日,日伪双方联合召开了南京市保护森林委员会筹备会议,决定临时设置了伪"中山陵园办事处"管理机构。后来,又在陵园成立了护林团,隶属于伪南京特别市园林管理所,由中山陵园办事处直接指导。

日军在中山陵

摄于1938年春天的中山陵,日本军人进出自由。

中山陵园办事处及护林团有名无实，所做的工作，除发现盗伐林木向宪兵队或附近警备队报告，促其前往查办外，主要是收取刈草费。刈草证由中山陵园办事处发放，每张法币二角，限用一天。贫民凭证方可上山割取柴草，日本人却不受约束。据记载，日军大竹部队在陵园大肆收罗木柴并殴打园警，"不受取缔"。日商小林洋行雇用工人100多名在紫霞洞开采石子时，毁坏了许多林木，中山陵园办事处也不敢过问，无力制止。

1941年2月6日，日本海军部队两辆卡车载日军士兵30多人到陵园板仓村，准备砍伐高大的白杨树，陵园护林团发现后派人劝阻无效，只得请来太平门值勤宪兵阻止，结果还是被砍去最大的两株白杨树。更有甚者，驻蒋王庙、王家湾一带的日军竟公然唆使当地农民大量收买松树劈柴，由日军发给"派司"，用汽车装运进城出售，从中牟利。

中山陵虽在日伪统治之下，但抗战后方的民众却通过各种方式进行谒陵，最著名的是空中谒陵。

55 抗战时期的空中谒陵

中山陵建成后,墓室一般不对外开放。每年只有1月1日、3月12日、5月5日、6月1日、10月10日和11月12日这6天才开放。1月1日、5月5日和10月10日都是"国庆节":1912年1月1日是中华民国临时政府成立,孙中山在南京就任临时大总统的日子;5月5日是因为1921年的这一天孙中山在广州宣誓就任非常大总统;10月10日则是辛亥革命武昌起义的纪念日,是国民党法定的"国庆日"。其余的3天,3月12日是孙中山逝世纪念日;6月1日是奉安纪念日;11月12日是孙中山诞辰纪念日,后来增加每星期日开放。

每逢重大节日,南京的国民党中央和国民政府党政军官员均前来中山陵集体谒陵。在南京召开的部分党政重要会议,常将谒陵作为会议的一项内容,参加会议的全体代表在陵墓前合影。许多重要活动都在此举行。

抗战全面爆发后,国府迁都重庆,日寇占领南京。但中国人民对中山先生的纪念和拜谒也没有停止,而是采取了特殊的方式。

1938年3月12日,是孙中山先生逝世13周年纪念日。这时的情形无法像往年那样去谒陵了。为了纪念孙中山先生,中国空军决定进行一项特殊方式的纪念活动,第二十五中队中队长汤卜生接受了这项特殊的任务,

中山陵建成后的航拍图

单机飞临日军占领的南京中山陵上空,进行空中扫墓活动。

5月7日清晨,汤卜生严肃镇静地登上一架美制侦察机,稳健地驾驶着它向南京方向飞行。渐渐地,他发现了浩浩长江边的南京古城,很快就发现了紫金山。阳光下闪亮的蓝色陵顶,庄严的牌坊、浑白的台阶,他已经飞到中山陵上空了。从高空向地面看去,他依稀看到树木依旧苍翠葱茏,陵园依旧秀美静谧,但与往年不同,今年已物是人非,"国破山河在,城春草木深"。南京沦陷了,陵园也难免受辱,每个有爱国心的中国人,谁不为此心痛呢?

1938年3月航拍的中山陵

汤卜生心绪复杂地驾机缓缓地在中山陵上空绕行三周,将一束白玉兰从空中抛下。这束白玉兰是献给孙中山先生的,向孙中山先生表达缅怀追念之情。

汤卜生空中谒陵,代表了全中国人民的共同情怀,同时也表达了中国军民的战斗决心:我们绝不向日本侵略者屈服,我们一定要抗战到底!誓将日寇驱逐出中国,收复一切沦亡的国土!到那时,我们再向孙中山先生报告抗日战争的伟大胜利。当在日本铁蹄占领下的南京人民听到中国空军健儿汤卜生空中扫墓的消息时,他们看到了抗战胜利的希望。

55 抗战时期的空中谒陵

抗战期间空中俯瞰中山陵

1940年3月21日,国民党中央顺应民意作出决议:"中央以总理孙先生倡导革命,手创中华民国,更新政体,永奠邦基,谋世界之大同,求国际之平等,光被四表,功高万世,凡在民国,报本追远,宜表尊崇,爰经常务委员会一致决议尊称总理为中华民国国父。"3月29日,国民政府布告全国:"国民党总理孙先生,尊称中华民国国父,业经中常委一致决议,由国府通令全国遵行。"

在抗战军民缅怀孙中山的同时,南京却上演了一场"迎灵"丑剧。

56 日伪当局的"迎灵"丑剧

1940年3月,汪精卫在南京组建伪政权,公开投敌卖国。他仍标榜自己是孙中山先生的忠实信徒。5月29日,汪伪中央政治委员会第49次会议通过决议,尊称孙中山为"国父",企图以此掩盖他们卖国投敌的汉奸嘴脸。由于种种原因,汪伪政权初期还是沿用了维新政府时期的"中山陵园办事处",没有新成立机构。

汪精卫"还都"后,想组织一次隆重的谒陵,考虑到自己仍将林森列为国民政府主席,就派人到福州找到林森的族侄、曾随从参加迎榇奉安等工作的林履明,以财政部次长或司法部长为诱饵,要求林履明冒充身在重庆的林森到南京谒陵。此事被林履明拒绝后,汪精卫在谒陵上作秀的贼心仍不死,总算有了一次机会,上演"奉迎国父灵脏"的丑剧。那么,"国父灵脏"又是怎样落到汉奸手中的呢?

孙中山先生在北京铁狮子胡同行馆病逝以后,遗体由协和医院解剖,当时曾表示在对孙中山的病灶研究之后,将会对遗脏进行火化。不料事后,协和医院并未将孙中山的遗脏火化,而是将肝脏留了下来,并将癌变部分制成切片及蜡块标本保存在医院里。这件事做得神不知鬼不觉,连孙中山夫人宋庆龄和儿子孙科也不知情。

1941年12月,太平洋战争爆发后,日本对英美宣战,在华日军则在各地接收英、美财产。北平协和医院是一家美国人开办的医院,日军在接收协和医院时,在医院的研究室里发现了孙中山先生的肝脏切片及蜡块标本。

南京的汪伪政权听说这件事以后,立即意识到这是一个给自己脸上贴金的良机,决定用这件事来大做文章,准备演出一场与孙中山奉安时相似的"迎灵奉安"仪式,妄图把自己打扮成孙中山的忠实信徒。汪伪政权首先派伪国民政府的外交部长褚民谊为奉迎大员,赴北平接收"灵脏"(即孙中山的肝脏)。

1942年3月25日,褚民谊到北平向日本大使馆北平事务所及侵华日军总司令冈村宁次提出请求,日方终于允许他把肝脏标本带回南京。于是,他们举行了一场"隆重"的"国父灵脏奉移式"。汪伪《民国日报》报道说:"国父灵脏之奉移式,于26日上午10时半,由国民政府外交部长褚民谊氏,于肃穆之空气中,在协和医院内国父逝世之病室举行,由日军安达部队长,办理奉移。"

3月28日,褚民谊带着"灵脏"乘车南下,他们模仿当年国民政府举行孙中山遗体"迎榇奉安"的仪式,在沿途所过的一些大站也举行一系列表演,由当地的汉奸登台演出,表白一番对孙中山的"崇敬"之辞。

3月29日,褚民谊带着"灵脏"到达浦口,汪伪政权的大小汉奸齐集下关码头,乘伪海军"江绥"号军舰,过江到浦口迎接。然后,他们把"灵脏"送往中山陵,安放在墓室里的孙中山卧像旁,并罩上一个方形的玻璃盒。

4月5日,汪精卫亲自在中山陵祭堂里主持"奉迎仪式"。这一天,汪伪政权的官员全部出动,参加"奉迎仪式"的还有任汪伪政权最高日本顾问的影佐祯昭。奏乐、行礼后,汪精卫发表了一番讲话,报告了协和医院"私藏国父遗脏及此次奉迎之经过,并对友邦部队揭发协和医院私藏事实及协助奉移南京之盛意,表示感谢"。致词完毕后,汪精卫又率领全体人员到墓室里绕行一周,仪式结束。

褚民谊是汪伪"迎灵"丑剧的男主角

4月6日,汪精卫指定由汪伪国民党中央党部秘书长褚民谊、伪国民政府文官长徐苏中、伪国民政府代参军长萧奇斌、伪南京市长周学昌、伪首都警察总监苏成德共同组织"国父陵寝保管委员会"。

4月7日下午,"国父陵寝保管委员会"在伪中央党部召开了第一次会议,决定成立汪伪"国父陵园管理委员会"。汪伪政权还是想利用中山陵园,表示对国父的重视与尊敬,以加重政治筹码。在"迎灵"丑剧中扮演重要角色的主任委员褚民谊后来在汉奸审判时还想用"国父灵脏"保命,更是丑上加丑。

抗战胜利后,褚民谊在法庭上受审。

57 汪伪时期的"国父陵园管理委员会"

汪伪时期的"国父陵园管理委员会"以褚民谊为主任委员。委员有陈群、李圣五、林柏生、刘郁芬、徐苏中、唐蟒、周学昌、邓祖禹。委员会下设总干事一人(戴策),副总干事二人(陈宗虞、李军铎),负责处理日常事务,并设总务、工程、警卫三个组,分别由伪中央秘书厅、南京市政府、首都警察总监署担任。

按规定,伪国父陵园管理委员会管理之事有五个方面:一、关于陵墓保管及整洁事项;二、关于陵园景物保护事项;三、关于陵园公产整理事项;四、关于陵园警卫事项;五、关于陵园其他设备事项。

伪国父陵园管理委员会的经费是由伪中国国民党中央执行委员会拨发。表面上看,伪国父陵管理委员会组织成员地位显要、分工责任明确、处理事项比较全面,陵园似乎能够恢复昔日引人入胜的景象了。实则不然。在日伪统治时期,横行无忌的日军是没有什么事不敢干的,况且汪伪政府本就无力重振陵园的事业,只不过是做一些表面文章给世人看罢了。

在被接收的前三年中,除了派警卫队驻守陵墓外,在工程方面,汪伪国父陵园管理委员会仅对前革命历史图书馆略加修缮,改作陵园办公室,在梅花山建筑汪精卫墓的祭堂;在造林方面,汪伪政府每年春季也举行植树活动,如1943年,汪伪实业部在陵园外郊球场一带栽植了马尾松、黑松等纪念林木,但却遭到了实弹演习的日军的肆意践踏,再加上自然因素,十不存一;在护林方面,伪国父陵园管理委员会派军警分段驻守,并按照先前办法,将陵园分为八区,由各区乡保长组织护林团,每区设护林联保主任一人,凡护林地区内10岁以上男女居民、佃户均编为护林团员。

日寇没将汪精卫的傀儡政权放在眼里,日伪军经常不听劝阻砍伐林木,尤以日伪统治末期为烈。1944年2月到4月,陵园内就发生十数起汪伪军队有组织地砍伐林木甚至殴打警士的事件,他们"非恃强横行,即以生活困难为借口,虽经多方劝告,卒无效果"。伪首都警察总监李讴一为此呈函汪精卫,汪以"国民政府"名义严令禁止,但效果甚微。

日军因此更是嚣张,据1945年8月陵园警卫组组长张大鹏的报道:4日上午,中支第1645部队谷村伍长率领华工三十余名,在谭延闿墓东锯伐松树32棵,劝阻无效;10日下午,又是这个谷村伍长,率士兵十余名,在灵谷寺第二公墓后一带锯倒大栎树13棵,制止不听。

日本侵略军在中山陵随意进出

日、伪军在陵园内的这种破坏活动反映了汪伪国民政府统治下的没落情态。历经战争和敌伪占领,中山陵园的建筑、林木、道路等遭到很大破坏,仅前两项损失就近340万元。茅山脚下的总理陵园管理委员会及陵园警卫、园林组、植物园办公处以及奉安纪念馆、永慕庐、桂林石屋、永丰社、四方城、紫霞洞、中山文化教育馆等建筑均被完全毁坏。

汪伪"国父陵园管理委员会"从成立到日本投降被接收,共存在3年时间。

58 汪精卫如愿葬于梅花岗

汪精卫组建伪政府"还都"后,终于过了把"元首"瘾,踌躇满志,兴高采烈。他认为抗战必败,败必亡国,"曲线救国"取得了初步成果,比蒋介石要棋高一着,将来可以坐稳党国第一把交椅,再也不要受老蒋的气了。心情好,身体就好,汪精卫甚至忘了自己身体里还有颗子弹。

汪精卫曾夸下海口,要瓦解重庆政府,但这张空头支票迟迟难以兑现。日本人对汪由失望渐渐转为冷淡、不满意。加上战局的转变,汪精卫非常苦闷。一切要受制于日本,在日本宪兵的监控之下,言论行动不得自由。汪精卫变得性情暴躁,有时甚至疑神疑鬼。不久,汪精卫旧伤复发,入住南京陆军医院。

汪精卫

1944年3月3日,几乎全身瘫痪的汪精卫,躺在日本天皇赠给自己的"海鹣"号飞机上,从南京飞到日本治疗。日方以"加强护理"为由,限制陈璧君及子女的探望陪护。11月10日,日本宣布汪精卫的死讯,有人认为这个日期可能有假。汪精卫的死因、死期至今仍是一个谜。也有人认为是军统特务下毒而死。但有一点可以肯定,汪精卫是由于没有得到良好的治疗,被折腾死的。

汪精卫死后,小矶内阁发出讣告,天皇也表示痛惜。11月12日,汪精卫的尸体装在楠木棺材里,由日本军部用"海鹣"号飞机运回南京。在南京飞机场,军警宪特强迫一些中小学生前去迎接,还给每个学生发了一块黑纱和一个鱼罐头。

汪精卫对自己后事曾有遗言:"不愿国葬,为劳民伤财之举,至

汪伪时期的谒陵

袭用封建时代帝王之气习,尤所憎恨。"但是,伪"中枢当局以主席功高党国""为表示国家崇德报功之忱,兼顺人民笃念耆勋之意,乃由国府明令国葬""先安葬于首都国父陵园之梅花山"。按惯例,国民党中位高德重者才有资格葬于孙中山灵墓所在的紫金山。

汪精卫生前酷爱梅花,看中的梅花山原名孙陵岗,在20世纪20年代初开始植梅,到抗战前夕,已形成一片梅林。汪精卫选此地以示自己生前是孙中山的助手,死后也要随侍左右。

汪精卫墓位于梅花山顶,是仿中山陵设计的,原计划的建筑有墓室、祭堂和牌坊等,预算造价5 000万伪币,规模相当大。墓穴经10余日赶工完成,圹为圆形,其余工程项目待葬后继续施工。

11月23日为汪精卫"葬典"之日。在日本军警的严密监控下,伪政权为汪精卫举行了"安葬大典"。陈璧君知道汪墓将来难免被毁,因此亲自布置将五吨碎钢搀入混凝土中,浇铸成坚固的墓壳。

汪精卫死后,陈公博继任,收拾汪精卫丢下来的烂摊子。汪精卫墓前又建了祭堂,备了建筑牌坊用的大石条。可还没等牌坊竖起,汪伪政府就随着日本战败"寿终正寝"了,其他建筑均没有完成。

汪精卫虽如愿葬于距中山陵不远的梅花山,但因其汉奸身份,难以安息。

59 抗战胜利后的接管

1945年8月15日，日本宣布无条件投降。8月17日，在重庆的总理陵园管理委员会派遣林元坤等人前往陵园接收。8月23日，重庆总理陵园管理委员会常委会决定恢复原组织。但是，南京的交接工作迟迟没有正式进行，直到9月5日，蒋介石所派的新六军才全部空运完毕，进驻南京，成立了南京警备司令部。

1945年9月，军长廖耀湘带领新六军部分官兵到中山陵谒陵。

陵园接收还算顺利。新组建的"国父陵园管理委员会"下设园林处和拱卫处两大机构，孙科为主任委员。面对百废待兴的陵园，孙科肩负重任。此时的陵园已破败不堪、面目全非：

一、建筑方面：位于小茅山脚下的陵园管理委员会办公室全部毁坏。位于陵墓西的警卫处办公室及其他各分区十处派出所全部毁坏。位于四方城附近的园林组办公室及各分办公室房屋共约150间，除三间存轮廓外，其余全部毁坏。陵园东南片占地千余亩

新六军接管南京后，部分官兵到中山陵合影留念。

的陵园新村及其他各处瓦房、草屋等也尽行毁坏。纪念建筑全部毁坏的有：中山文化教育馆，位于灵谷寺南，曾是国内著名的编译文化教育机构；奉安纪念馆，由万福寺改造，位于小茅山顶，藏有丰富的纪念物品；永慕庐，位于小茅山顶，为孙中山先生的家属守灵之所；永丰社，位于陵墓西，行健亭南，用以发售园产；桂林石屋，位

何应钦率返京的各机关首脑到中山陵谒陵

于藏经楼左后侧,石砌结构。大部分毁坏的纪念建筑有国民革命军阵亡将士纪念馆(今松风阁)与纪念塔(今灵谷塔)、藏经楼、中央体育场、革命历史图书馆,它们仅存空架。

二、道路方面:陵园大道西首从中山门东至三岔路口约500米全部被破坏,其余大部分也因年久失修,破败不堪。环陵路方面,太平门至岔路口一段几乎全部破坏。明孝陵景区中,前湖至石柱子一段全部被破坏,其余也久未维修。灵谷寺景区的路面久未维修,间有损坏。通往委员会的路则长满杂草。

三、花木方面:除陵墓通道旁风景树木受损较微,其余各处树木被砍伐殆尽,苗圃花卉也被荒废。

接管后的"国父陵园管理委员会"计划重振陵园事业,确定募捐修复金额总数为150万美元,但因内战连年、财政困难而进展缓慢,只做了一些小的维修工程;之后随着国民党政权在大陆的溃败而彻底放弃了对陵园的管理。

1945年的中山陵,从上往下俯瞰,远处峰峦叠嶂。

"国父陵园管理委员会"成立后遇到的第一件大事,就是毁平汪精卫墓。

60 汪墓深夜被毁平

抗战胜利后，国民政府准备还都南京。当时的南京百废待兴，国民政府大院破损严重，维修任务繁重。国民政府还都日期一再拖延。蒋介石在百忙之中，仍没有忘记葬于中山陵附近的汪精卫，下令秘密毁平汪墓，并将此重任交给了自己的"八大金刚之首"何应钦。

何应钦先是下令组织"迁移"汪墓。1946年1月21日晚，南京市市长马超俊、工兵指挥官马崇六带领一批工兵，用150公斤TNT烈性炸药炸开了汪墓。

被炸前的汪精卫墓

汪墓被炸开后，揭开棺盖，可以看见尸体上面覆盖有一面青天白日满地红旗子，尸体着伪政府文官礼服，系藏青色长袍马褂，头戴礼帽，腰佩大绶，面部略呈褐色而有些黑斑点。由于入棺时使用了防腐剂，加上时隔仅一年多，整个尸体保存得还算完好，没有腐烂。在死者马褂口袋内还发现有一张3寸大的白纸条，上书"魂兮归来"，这是陈璧君从日本接运丈夫尸体时亲笔书写的，以示招魂。

观梅轩

棺内还有一本手抄的汪精卫诗稿,虽已发霉,字迹仍可辨认。诗稿开首是谋刺载沣时那篇名闻天下的《被逮口占》,末篇是没有发表的《自嘲》绝命诗:"心宇将灭万事休,天涯无处不怨尤;纵有先辈尝炎凉,谅无后人续春秋。"

可见,汪精卫自知积怨太深,预感到将永世被人唾骂。有人将此诗依原韵略改数字,成为一首绝妙的讽刺诗:"梦落东溟丑事休,卖国终将积怨尤;莫道世间历炎凉,恶名遗处正春秋。""迁移"汪墓只是托词。汪精卫尸体很快被运到清凉山火葬场焚化,连骨灰都没有留下。

汪坟被毁平后,当时的"国父陵园管理委员会"主任委员孙科考虑到梅花山已经成为陵园的重要景点,指示在汪墓原址加以布置,于1947年建造了一座长方形的亭子,由孙科题名"观梅轩"。亭两边修建了长廊,随后又种上花草树木,使这里成为一处风景点,与中山陵遥相映衬。梅花山东麓原汪精卫的祭堂,一直保存下来,现在改为"寿星宫"。

汪精卫生前写过一首关于挫骨扬灰的诗,其中有这样两句:"是以扬灰挫其骨,是以灭迹毁其尸。尸迹尽皆去,吾亦不居骨和灰!"一语成谶。汪精卫在与蒋介石的政治争斗中以完败告终。抗战胜利后的蒋介石,成为"大国领袖",他认为只有自己才能真正葬于紫金山。

61 隆重的国民政府还都大典

1945年8月15日，日本天皇正式宣布无条件投降，历经14年抗战的中国人民终于迎来了胜利，国民政府主席蒋介石同日在重庆对全国发表广播讲话，庆祝抗战胜利。9月3日，国民政府在重庆举行了隆重的庆祝活动。

国民政府官员都想尽快离开"山城"重庆，早日回到繁华的"南京"。蒋介石也想早日回到故都，但因忙于准备内战，对于"还都"之事一度耽搁。时隔数月，依然偏居"陪都"，国内产生微词，在国际上也实在有损战胜国形象。

到了1945年年底，蒋介石终将"还都"之事提上日程，并且一提就是"迫不及待"！12月18日，蒋介石与夫人宋美龄乘专机抵达南京，五天的行程十分紧凑，主要是谒中山陵，会见马歇尔及先期返京的军政长官等，并对"还都"之事有所指示，对中山路、中山门等必须重新改建。

1946年2月15日下午，蒋介石再次抵达南京，主持军事复原会议，决定将"国军"整编为步兵90个师，骑兵10个旅。会议结束后，蒋介石再次谒陵，与众将领在中山陵前合影留念，并一同野餐，以联络感情。"还都"事宜加快进行。

4月30日，国民政府在重庆下达"还都令"，决定5月5日正式还都南京。典礼最先拟定在明故宫机场或国民政府大院举行，后改定在中山陵。

5月5日清晨6时许，南京城的大街小巷已是人声鼎沸。8时过后，中山门外、陵园大道，已是车水马龙。中山陵牌坊前，只见文武百官齐集，文官着中山装或长袍马褂，武官一律戎装，勋章、绶带、帽徽等熠熠生辉，100多名中外记者或手持相机，或拿着笔纸，穿梭其间，数百名童子军引导着各类人员……

中山陵牌坊前及陵前台阶上，密密麻麻地站满了军政官员和

1946年5月5日,国民政府在中山陵举行还都庆祝典礼,蒋介石在祭堂前发表讲话。

中外使节、记者,足有5 000多名,文左武右,前排的将官及高级文官更加精神抖擞,大小官员一直排列蜿蜒至陵园大道上,场面壮观,人员之多,级别之高,部门之全,前所未有!这是国民政府成立以来最大的一次盛会。

蒋介石身穿陆军制服,佩戴勋章4枚,勋表3根,戴白手套与身穿黑底刺花绸衣、外披黑衫的夫人宋美龄拾级而上,军政官员紧随其后。步入祭堂后,蒋介石和宋美龄立正中,左右有宋子文、居正、孙科、戴季陶、吴敬恒、何应钦、陈诚等。

9时整,典礼正式开始,鸣礼炮,奏国歌,献花,然后全体向孙中山遗像三鞠躬,为一千多万抗战阵亡将士及死难同胞默哀三分钟。接着,张道藩宣读蒋介石的"谒陵告文"。然后,蒋介石宣读了国民政府还都令,称国民政府定于"本年5月5日凯旋南京,以慰众望"。之后,蒋介石带领文武官员进入墓室,绕灵一周。参加还都谒陵典礼的,还有南京市各机关的代表数千人。

蒋介石步出祭堂后,向参加人员致词,5分钟后,蒋氏夫妇在众人欢呼声中步下台阶,乘车前往国民大会堂,主持"首都各界庆祝还都大会",会堂前广场上早已聚集上万人。国民政府门楼也装

还都典礼结束后,蒋介石夫妇走下中山陵。

饰一新,下午4时,国民政府在礼堂举行了隆重的庆祝"还都"中外宾客招待会。

　　5月5日,《中央日报》头版刊登醒目标题新闻"还都盛典隆重举行 蒋主席率军民谒陵"。可见,谒陵在还都典礼中的重要地位。"还都典礼"搞得隆重热闹,一年后,竟上演了场"哭陵"闹剧。

62 国民党将领的"哭陵"闹剧

1947年5月5日,南京中山陵发生了一件颇有政治影响的事件。事情的起因是这样的:抗战胜利后,国民政府开始整编军队。原来的军改为整编师,师改为整编旅,团以下补充兵额,配备新式武器。军官则作为编余人员等待安置。这些编余军官除了打仗外,难有所长,离开军队后待遇降低,尤其是残废军官生计艰难。鉴于当时的复杂状况,蒋介石下令把各战区摘除兵权的编余将级人员调集到中央训练团培训。

这批将领有400余人,报到后由国防部委任为中训团中将或少将团员。他们中间绝大多数是黄埔军校同学,参加过北伐战争、抗日战争,有的曾跟孙中山出生入死,参加过东征惠州战役。这些人本是行伍出身,级别既高,又无其他专长,所以安置工作特别困难,受训半年多,还没有被分配出去。他们对当局日益不满。

5月5日上午9时左右,将官班的学员们各自从家里出发,三三两两到中山陵集中。10时许,就到了约400人。他们身着黄色的将校呢制服,将级领章,胸前挂着勋表。大家推黄埔一期学生、陆军中将黄鹤为总指挥。黄鹤带领众将官到博爱坊前站成方阵队形,黄埔一期同学站第一排,其余按期别、年岁依次排列,全体肃立,准备举行哭陵仪式。

仪式一开始,黄鹤激动地对大家说:"我们这些编余的军官,曾经追随总理东征北伐,出生入死,没有功劳也有苦劳,但政府把我们一脚踢开,断绝了我们的生活。我们没有别的奢望,活着只求有碗饭吃,死后有一口棺材安葬。我们也是人,我们要生活。今天我们来到这里,不是谒陵,而是哭陵。为了我们的同学,为了我们的民族,也为了我们全家的妻儿老小,我们要大哭,一哭、二哭,乃至三哭。"

讲完之后,黄鹤将军带领众将官到中山陵祭堂,向孙中山先生

国民党将领在中山陵"哭陵"

的坐像献花。祭堂的里里外外,挤满了前来哭陵的将官。不少游客纷纷围拢观看,对这些编余军官的遭遇深表同情。接着,由黄鹤读祭文,将官们饱含热泪听完祭文,静默三分钟,鱼贯入灵堂。仰望着孙中山大理石坐像,几位将领也忍不住发言,对现状表示不满。第二天,《救国日报》在头版报道了此事,接着,《中央日报》作了报道,各家小报也相继发表文章,一时弄得满城风雨,妇孺皆知。

蒋介石知道后,大发雷霆,斥责这些谒陵军官是"目无法纪",大声训斥陈诚总长,责成他即速处理,以平舆论。陈诚赶紧召人共商对策,最后决定几项办法:1.凡是在抗战期间没有离开部队的将级人员,年龄在50岁以下的改为文职,派到地方上任职。2.40岁到45岁的转业到交通、工商、警察等部门任职。3.40岁以下的,考进陆军大学深造。4.年老体衰不能任职的,多发遣散费还乡。

从"哭陵"事件可以看出当时国民党军队内部动荡不安的情况。尽管时局日下,蒋介石还想在中山陵附近找一块长眠之地。

63 蒋介石为自己选好的墓地

蒋介石最早看中的墓地在亲生母亲的墓旁,以便死后也能尽孝。后来发现奉化城北响铃岗地势高爽,景物幽美,风水颇佳,就改变了主意,选定岗上的仁湖作为自己百年之后的长眠之地,并派人在周边修路。现在公路仍在,仁湖已经成为良田。

1946年国民政府还都后,蒋介石拜谒中山陵的心情和以前不一样了。他觉得死后葬在孙中山身边,比安葬在老家更有意义。墓地定在紫金山,也是许多民国政要的荣誉和地位象征,谭延闿、廖仲恺、范鸿仙等人均葬于紫金山。汉奸当然是没有资格葬在紫金山的,后来汪墓已被毁平,墓里的尸体也被焚烧。

蒋介石觉得自己的功绩比不过孙中山先生,却要比明太祖朱元璋功高一些。他亲自到紫金山勘察,选中一块背靠紫金山,面临紫霞湖,东邻中山陵,西毗明孝陵的风水宝地。此地山川雄胜,林壑秀美,海拔又低于中山陵,高于明孝陵,与老蒋自认的地位相符。老蒋命人在此处建亭作标,以壮观瞻。

当时因为抗战才结束,经济困难,后由华侨捐献,才得以兴建。亭子的设计有三个样式,报蒋介石选项定后,于1947年4月动工,12月竣工。正气亭位于紫霞湖北侧的山坡上,由基泰工程司设计,亭为方形,钢筋混凝土构筑,重檐飞角,顶覆蓝色琉璃瓦,以苏州花岗岩为基座,亭之内外均饰以彩绘,鲜丽夺目。

亭前筑有193级石阶,直通紫霞湖,便于游人观瞻。亭后砌花岗石挡土墙,正中刻有孙科撰写的《正气亭记》。碑文为:

正气亭记

三十四年秋九月,日本降,其明年春,国府还南京。主席蒋公既率群工,祭告于我国父之陵,暇辄扶杖,其间以致其忧思,一日,自紫霞洞西坡层冈,远眺天报喜,其山川之胜,林壑之美,属就岩下伐石建亭,将与国人共游赏之，于是我侨居美东新英伦人士，闻而起曰：是不可以，稍缓，恐人先焉，输纳金帛以集其事。公命名为"正气亭"，夫正气者，所以立天地成万物者也。广而通之，则齐家治国之道，激而扬焉，则义夫烈士之行，自清政窳败，国父以革命为天下倡海内之士，景然从之，断脰捐躯，前仆后继，数十年来，慷慨赴义者，何可胜言，岂有他哉，正气之所以激也今，公躬强虏建大业。

业宵旰勤劳，未肯稍逸，主张正气勖勉国人，为治之道。其有外乎游斯亭者，愿勿忘。公之教，焉是为记　中山孙科

中华民国三十六年四月

正气亭

　　亭子建成后初名半山亭，蒋介石后改名为"正气亭"，并书写了一副楹联："浩气远连忠烈塔，紫霞笼罩宝珠峰。"亭名与楹联均由当时的"国父陵园管理委员会"园林处处长沈鹏飞拟就，再由蒋介石题写。匾额与楹联皆用上好的柏木制成。"忠烈塔"指灵谷塔，当时是国民革命阵亡将士纪念塔；"宝珠峰"指明孝陵宝顶明太祖墓所在的小丘，古称玩珠峰。因峰上曾有梁代名僧宝志的墓塔，塔上嵌有外国进口的宝珠，所以也叫宝珠峰。正气亭位于其东侧，故称"紫霞笼罩宝珠峰"。

1948年5月21日,蒋介石就任总统后携夫人宋美龄到中山陵谒陵。

1949年以后,楹联和匾额不知去向,留下了匾额和楹联的拓片,存于南京市档案馆。1966年,"文革"兴起,正气亭数年之内屡屡遭到破坏。正气亭顶的蓝色琉璃瓦已经被人们用竹竿捅掉。而孙科撰写的《正气亭记》上更是被砸掉了"蒋"字和"科"字,后中山陵园为保护文物用水泥把碑刻封了起来,更将正气亭四周围上了铁丝网。

蒋介石于1975年在台湾逝世,棺柩没有入土安葬,而是暂厝在大溪慈湖。这好像是要效仿孙中山死后暂厝北京香山。宋美龄曾在纽约透露:"蒋公生前有遗愿,回大陆,葬钟山。"此后,常有台湾客人前往正气亭参观。

1986年,南京市政府拨款2万元重修正气亭,修复了匾额、楹联及碑刻,对亭内外予以重新油漆彩画,并修筑了登亭道路。1995年,中央电视台到此取景,出款8 000元,请陵园部门更换了亭顶损坏的琉璃瓦和四角飞檐上的走兽,重新油漆了红色亭柱。

蒋介石为自己选好了墓地却没能入葬;另有一位却在死时没有合适的安葬之处,他就是蒋介石的亲信、令许多人心惊胆战的特务头子戴笠。

64　戴笠墓寻踪

1946年3月17日,军统局局长戴笠乘专机由青岛飞南京,由于风雨交加,天气恶劣,飞机在南京郊区岱山坠毁。机上十人无一生还,烧焦的尸体在不停的大雨中浸泡了三天三夜,难以一一确认。因为戴笠左边白齿上一共镶着六颗金牙,以此为线索才确认了其中的一段"黑炭"是戴笠残骸。这根"黑炭"上只有头颅、躯干、一条胳膊、两条大腿,其余部分都已找不到了。

发现尸体的地方有条"困雨沟",岱山下又有座戴家庙,戴笠字雨农,这个巧合似乎应验了"大将忌地名"之说。军统后在此立有"戴雨农将军殉难处"石碑,石碑由吴稚晖题,个别字现已经被凿。

戴笠死后,蒋介石非常悲痛,追赠戴为中将,命人将其尸体运回装入楠木棺,先放在中山路办事处,后移至灵谷寺的志公殿,入祀忠烈祠。机上其余9人葬在南京东郊仙鹤镇军统公墓。4月1日,军统局在重庆为戴笠举行隆重的追悼会,蒋介石亲自主祭。

6月12日,国民政府又在南京公祭戴笠。蒋介石"满眼含泪"再次主祭,痛感"唯君之死不可补偿"。之后,蒋又亲自为戴笠在灵谷寺附近选

戴笠

了块墓地,交由陆根记营造厂承建,军统局总务处长沈醉具体主持。

1947年3月26日,国民政府为戴笠举行了"移灵及公祭典礼",蒋介石主祭,于右任陪祭。灵堂上悬有蒋介石亲题的"碧血千

戴笠去世后,举行了隆重的追悼仪式。

秋"横匾。戴笠的灵柩在典礼后移到墓地,葬入墓穴。陪葬品有左轮手枪、龙泉宝剑,还有戴笠穿过的皮鞋。

为了使墓穴牢固,用水泥和炭渣搅拌在一起灌入墓穴,使戴笠的棺柩和整个墓穴结成数米厚的一大块。墓前立有吴稚晖题写的"戴雨农将军之墓"石碑,碑背刻有章士钊撰文并书写的墓志铭。章士钊为戴笠写有一副挽联:"生为国家,死为国家,平生具侠义

吴稚晖题写的"戴雨农将军之墓"

风,功罪盖棺犹未定;誉满天下,谤满天下,乱世行春秋事,是非留待后人评。"

戴笠墓为长方形,四周镶嵌花岗石,碑前设供奉石桌,形制高大,很是气派,占地面积达到1 500平方米。除了墓碑、水泥平台外,还有休息石凳、围墙、排水系统等。戴笠墓的监造者是当年军统局赫赫有名的总务处长沈醉。

1949年蒋介石败退台湾前夕,毛人凤曾想将戴笠的尸体掘出火化,骨灰带往台湾,但墓穴筑得太坚固了,打开棺材,需用炸药炸开水泥。后果会导致尸骨不存,研究再三,最后决定原地不动。

1950年,戴笠墓被毁平,残骸被火化。陪葬的左轮手枪已成铁饼子,皮鞋后跟也被烧成疙瘩,乾隆用过的"五尺龙泉宝剑"有一段已成焦炭,红漆楠木棺材则被抛到墓前池塘里。1953年,毛泽东到中山陵游览时也问到过戴笠墓,得知已被毁后说道:"不要把他搞掉,让他做反面教员嘛。"

现在,沿着原国民革命军阵亡烈士公墓第三公墓南边花坛边的一条水泥"凸"形小路,就可以寻到戴笠墓,墓前正面有三列台阶,中间用水泥墩子隔开,宽约二十米,共有十二级。台阶后面是一个平台,平台上杂草丛生,吴稚晖题写的石碑,字迹被凿,但依稀可辨。

戴笠公祭的同时,国民党军队在战场上已经开始节节败退,蒋介石为了挽回败局,改组政府,选任孙中山的独子孙科为国民政府副主席。孙科早年反蒋,后转而支持蒋介石,出任国民政府副主席,也只是个新招牌,没有什么实权,许多计划都难以实现。

65 孙科的《三年计划》难以实现

孙科是孙中山先生的元配夫人卢慕贞所生,早年留学美国加利福尼亚大学及哥伦比亚大学研究院,获文学士、理学硕士学位。回国后,历任政府要职,三任广州市长,后任交通部长、财政部长、铁道部长、立法院长、行政院长等职,直到国民政府副主席。因其身世而具有特殊的政治地位。

孙中山北上期间,孙科随侍左右,他是孙中山临终遗嘱的证明人之一。父亲逝世后,孙科自始至终参加了治丧、公祭、中山陵的兴建以及迎榇奉安等工作,被指定为家属代表,列席葬事筹备委员会的各次会议。孙科任广州国民政府委员、广东省政府委员兼建设厅长期间,常常催促担任财政部长兼中央银行行长的宋子文按月汇5万元保持建陵经费。孙科作为家属代表,在陵墓的选址、方案征集、图案设计、工程承包等方面提出了很好的建议,并做了大量工作。

孙中山灵榇抵浦口后,由宋庆龄、孙科及其妻陈淑英等亲属护送前往江边。

抗战胜利后,孙科担任国父陵园管理委员会主任委员,他首先制订了《恢复陵园旧观三年工作计划纲要草案》(简称《三年计划》)。1946年10月14日,国父陵园管理委员会第一次全体委员会议上获得通过《三年计划》,这份纲要草案详细规划了园林绿化、工程建筑等方面,从1947到1949年三年内应完成的工作。由于耗费巨大,会上决定向海内外广泛募捐。

孙科谒陵

孙科在"制宪国大"召开期间上,提请各位华侨代表负责向各侨居国华侨劝募修复陵园纪念建筑费用,得到与会各位华侨代表

祭堂前东西两侧的一对青铜鼎系孙科携全家捐赠

的一致赞同。不仅如此,孙科还亲自写信给驻海外各国的我国公使,并寄上募捐册和收据,请他们广泛向海外华侨募捐。抗战前曾独资捐建陵园紫霞湖水坝工程而因抗战中止的新加坡华侨胡文虎,因而将紫霞湖工程竣工。

孙科虽然重建陵园的决心很大,确定的募捐金额总数为150万美元,无奈海外华侨应者寥寥。原定募捐期限至1947年8月底止,后来几经延期到1948年年底止,只募得美金12 084.11元,英镑524镑10先令10便士,印尼币2 799盾,加币72元;法币101 400法郎,锡币339盾,越币14 742元;墨币4 160比索,澳币237镑1先令。这笔捐款与原定金额相差很远,再加上时局变化,以至孙科的《三年计划》无法实现。

1948年4月,"行宪国大"期间,"国大代表们"谒陵。

孙科还在担任国父陵园管理委员会主任委员的三年中,修复明孝陵坍损的墙壁,在中山陵新建了10间游客休息室,在灵谷寺新建茶室,修复藏经楼主楼和阵亡将士纪念馆门窗楼板,还修复了灵谷塔和音乐台的损坏部分,也是尽了努力了。1948年年初,孙科还写信给蒋介石,争取到一笔维修中山陵墓的费用。

孙科在陵园新村原有的别墅在抗战期间被毁,胜利后,他又在陵园行健亭西侧新建了一座公馆,取名延晖馆。延晖馆是一座西

1948年5月20日，孙科与于右任、居正等人前往子超楼参加"总统、副总统就任合影"前、步出总统府礼堂时打了个喷嚏。

式的两层花园洋房，前后有半圆形洋台，楼上设书房、起居室、卫生间等，楼下有大小客厅、餐厅、厨房等。延晖馆建于1947年，由著名建筑师杨廷宝设计，落成后孙科并没有在这里住过几天，随着国民党在大陆的失败，他永远离开了中山陵。

66 保存完好的阵亡将士公墓建筑

阵亡将士公墓落成后，国民党军政各界人士赠送了许多纪念品，供公墓陈设。这些纪念品，由于日伪时期的劫掠与破坏，除了十七军赠送的牌坊前的一对石虎、大门口北平军分会赠的一对石狮以及纪念馆后刘镇华赠的一只石鼎外，其余的都已不知去向。公墓为正南方向，在中轴线上依次排列为红山门、牌坊、祭堂、松风阁和灵谷塔。其中，牌坊、松风阁、灵谷塔为新建，红山门和祭堂为改建。

红山门原是明成祖时所建的金刚殿。建造国民革命军阵亡将士公墓时，将山门改建扩大，正门放大至十尺八寸宽，边门放至八尺宽，其余各部也按比例放大，蒋介石亲自题写了"国民革命军阵亡将士公墓"门额，正门的左右两侧筑红色墙垣，两端各辟一个偏门，以通车马。红山门下辟三个拱门，至今保持原貌。但门额已改为现代书法家钱松嵒先生书写的"灵谷胜境"四字。门外的一对石狮，是建造阵亡将士公墓时北平军分会赠送的。

阵亡将士牌坊台基长32.7米，宽16.6米，牌坊高10米，共5间，全部钢筋混凝土构筑，座基外镶花岗石，绿色琉璃瓦覆顶。牌坊前中门门额上横刻"大仁大义"四字，背面刻"救国救民"四字，是国民党元老张静江题书的。

国民政府建筑阵亡将士公墓时，将灵谷寺内的无梁殿改建为祭堂，无梁殿原名无量殿，因殿内供奉无量寿佛而得名。由于这座殿是砖石结构，不用梁木，所以俗称无梁殿。殿内正中三个法圈内嵌入三块高大的青岛黑石碑，中碑刻"国民革命军阵亡将士之灵位"，由张静江题书；左碑刻蒋介石所书的北伐誓师词，右碑刻陈果夫书写的中国国民党中央执行委员会祭文。上述碑文中华人民共和国成立后均已被磨去，1981年重修时改刻：中碑为"国民革命烈士之灵位"，西碑为"国歌"，东碑为"总理遗嘱"。祭堂四周壁上嵌有110块太湖青石碑,镌刻阵亡将士姓名和阶衔,全部碑文共16.5万字,由书法家倪幼耕、郭仰韩、郭伯恭书写,石工尹铁苍、杨文卿、周梅谷等镌刻。

松风阁是明代灵谷寺律堂的旧址。1931年建筑国民革命军阵亡将士公墓时,在此建造纪念馆,造价21.5万元。由美国建筑师墨菲按中国传统的民族建筑形式设计,1933年完工后正式定名为"革命纪念馆",由蒋介石书馆名。革命纪念馆为两层建筑,东西长41.7米,南北宽19.7米,钢筋水泥仿木结构,屋顶为庑式,铺绿色琉璃瓦,外有回廊,楼下为九间,中为穿堂,楼上是走马楼式,上下遍设架柜,供陈列阵亡将士遗物或举办展览。

灵谷塔与日照山河图

灵谷塔原名国民革命军阵亡将士纪念塔,是阵亡将士公墓的主要建筑之一,建于1931年至1933年,造价35.5万元,由上海陶馥记营造厂承建。设计者是美国著名建筑师墨菲和中国建筑师董大酉。

塔基为直径30.4米的大平台,平面为八角形,外侧围以雕花石栏。塔的正面有石阶,石阶正中是一幅长5.8米、宽2.8米的白色花岗石浮雕"日照山河图"。这幅浮雕图案是由图案专家刘福泰、陈之佛,图画专家李毅士设计,并由建筑阵亡将士公墓筹备委员会特聘的艺术专员梁鼎铭、建筑师墨菲修正后才镌刻的。

塔高60米,九层八面,用钢筋水泥和苏州花岗石混合构筑。底层直径14米,向上逐层缩小,顶层直径9米,每层都以绿色琉璃瓦作披檐,外有走廊,围以石栏,便于游人凭栏赏景。塔顶覆盖绿色琉璃瓦,飞檐翘角,正中塔尖上竖有刹,金光灿灿。塔内正中有钢筋水泥螺旋形扶梯,直上九层,共252级。

1948年9月,蒋介石与于右任、贾景德等人祭谒忠烈祠

塔的内外壁上都嵌有碑刻,塔内二至四层是于右任草书的孙中山先生北上时向黄埔军校的开学训词。塔的外壁,第一层是蒋介石所题的"精忠报国"四字。正门横楣上的"灵谷塔"三字是中华人民共和国成立后陵园管理处第一任处长高艺林所书,后门横额刻有20世纪30年代陵园园林组主任傅焕光所题的"有志竟成"四字,东、西两侧门的门楣上分别刻有"成功""成仁"四个篆字,也是傅焕光所书。

第一公墓面积约10 000平方米,内辟蛛网式水泥小道,分列大、中、小各式墓穴1 624个,每一墓穴下部用砖砌,上面用水泥盖板,每一墓上均有小石碑一方。第二、第三公墓面积各为6 666平方米,形式与第一公墓同。抗战时期,公墓遭到部分破坏,抗战胜利后进行了维修。

1947年6月,国民党政府制订了"春秋二季致祭阵亡将士办法",定每年春祭日期为3月29日,即黄花岗起义纪念日;秋祭日期为9月3日,即抗战胜利纪念日。抗战胜利后,国民政府每年都要在阵亡将士公墓举行隆重的公祭仪式。中华人民共和国成立后,第一公墓改为花圃、草坪,第二公墓改建为邓演达墓,第三公墓已荒废。

67 为什么说航空烈士公墓是国家级抗战遗址

航空烈士公墓始建于1932年,当时正值"一·二八"淞沪抗战之后,年轻的中国空军首次与日本空军交战,黄毓全等飞行员英勇牺牲。战后,为表彰先烈,举行了追悼会,同时,航空署决定筹款建造航空烈士公墓。随后在各高级将领中进行募捐,共募得捐款13 290元,经总理陵园管理委员会批准,在紫金山北麓王家湾附近拨地3.33万平方米,作为公墓的建筑地址。航空署改组为航空委员会后,捐款不足之数,即由航委会拨付,总造价2.6万元。

航空烈士公墓

航空烈士公墓建成后,首批入葬的是在"一·二八"淞沪抗战中牺牲的黄毓全、吴明辉以及在北伐等战争中阵亡的空军飞行员三十余人,以后,每年3月29日举行公祭,又陆续葬入一些空军官兵及学员。

1937年全面抗战爆发后,南京沦陷前又葬入一批烈士遗骸,因时局紧张,来不及一一入葬,这批在京沪地区空战中牺牲的烈士共 24 人合葬一冢,其中包括击落敌机最多、有"红武士"之称的空军英雄刘粹刚。南京沦陷后,这座抗日空军烈士墓立即遭到日军的破坏,一些暂厝于祭堂还未及时安葬的烈士灵柩被敌人任意毁坏。

抗战时期的"飞虎队"

抗日战争爆发后,苏联首先给予中国以实际的援助,派出空军志愿队来华参战,在华作战 50 次以上,击落敌机 81 架,炸毁敌机 114 架,有 300 多位苏联飞行员英勇牺牲。1941 年苏联卫国战争爆发后,苏联空军志愿队奉命回国。

1941 年 8 月 1 日,由陈纳德领导的中国空军美国志愿队(俗称"飞虎队")正式成立。1943 年,美国空军又同中国空军合组中美空军混合团。美国空军的参战,改变了中国空中战场的形势,逐步夺取了中国天空的制空权。美国空军还以中国成都为基地,直接轰炸日本本土。美国的陆军空运队还开辟了从中国云南通往印度的航线"驼峰航线"。抗战期间,美国空军在中国上空共击落敌机 2 091 架,在中国战场上牺牲的美国飞行员达 2 000 多人。

抗战胜利后，国民政府还都南京。1946年春，征用了2 000多名日俘将航空烈士墓及附近的公路加以整修，同年3月29日举行了抗战胜利后的第一次公祭、公葬典礼。十四年抗战中，中国空军牺牲的将士遗骸遍布全国，有的甚至葬身国外。除南京外，杭州、重庆、成都、兰州、昆明、广州、桂林、汉口等地都有空军公墓，不少空军英烈散葬于各地，如高志航葬于宜昌、骆春霆葬于西安、阎海文葬于上海，四大队大队长郑少愚赴印度接收新飞机失事牺牲，葬于印度汀江，中队长邵瑞麟赴越南轰炸日本空军基地时牺牲，就地葬于越南，还有更多的飞行员葬身大海，尸骨无存。部分散葬于各地的空军烈士遗骸陆续运往南京航空烈士公墓安葬，有些下落不明的烈士，也由他们的家属提出申请，在南京航空烈士公墓设立衣冠冢。

1946年3月29日，首批葬入乐以琴、任云阁、黄文模等28位烈士，公祭、公葬典礼由航委会副主任黄光锐主持，蒋介石题了一副挽联："英名万古传飞将，正气千秋壮国魂。"何应钦也题了一副挽联："捍国骋长空，伟绩光照青史册；凯旋埋烈骨，丰碑美媲黄花岗。"现在的这两副挽联于1985年重修航空烈士墓时，由陵园管理处刘维才书写刻在牌坊楹柱的正、反面。

1947年3月29日举行了胜利后的第二次公祭、公葬典礼，共葬人郑少愚、金雯、汤威廉等49人，多数是遗体下葬，部分是衣冠冢，其中有4位是在武汉空战中牺牲的苏联飞行员。1948年3月29日举行的公祭仪式中，葬入最后一批烈士，包括李桂丹、巴清正、骆春霆等。应该指出的是，在航空烈士公墓中入葬的并不都是抗战中牺牲的烈士，战前入葬的有不少是在飞行训练中失事殒命的航校学员；战后入葬的也有的是在内战中被人民解放军击毙或在正常飞行途中失事丧生的；为戴笠驾机在南京江宁坠毁的飞行员也葬入该公墓。甚至有一位空军工厂的厂长正常病故，竟也葬入该公墓。因此，中华人民共和国成立前，这座公墓里埋葬的死者情况比较复杂。

中华人民共和国成立后，航空烈士公墓最初是得到保护的。"文革"时期，整座公墓遭到彻底破坏，建筑物被拆毁，坟茔被夷平。1985年7月，南京航空烈士公墓动工重修，按原设计图纸施工，到

1987年秋竣工，不仅恢复了原貌，而且更胜似当年。

航空烈士公墓修复后，在国内外引起了很大的反响，苏联、美国的空军将领和外交官员，每年都要到航空烈士公墓来扫墓，国内外许多烈士亲属也常来公墓凭吊亲人。南京航空烈士公墓是我国唯一的国际抗日空军烈士墓。

1994年，"抗日航空烈士纪念碑"建成，以缅怀在抗日战争中牺牲的中国、美国和苏联的空军将士，这座公墓真正成为一个全国性的、有国际影响的空军烈士公墓，成为抗日战争和世界反法西斯战争的一个纪念地。2009年9月26日，位于航空烈士公墓西北侧的南京抗日航空烈士纪念馆建成并免费向社会公众开放。因影响广泛，2015年，经党中央、国务院批准，抗日航空烈士公墓名列第一批国家级抗战纪念设施、遗址名录。

抗日航空烈士纪念碑

68 中山陵的和平交接

1949年1月21日上午,蒋介石在美龄宫三楼凯歌堂默念告辞,在宣布"引退"前特地到中山陵晋谒,随后离开南京。当天下午,国民党中央社正式播发蒋介石下野文告。李宗仁成为"代总统",收拾"烂摊子"。

随着辽沈、淮海、平津三大战役的结束,中国人民解放军的兵锋开始剑指长江南岸,国民党在中国的统治已经摇摇欲坠。国民政府对陵园管理工作进行了调整安排,决定保留拱卫处全体官兵和部分员工,其余人员即行疏散。任命拱卫处总务科科长范良为拱卫处代理处长,负责督察所有留守员工。

此时,国民政府已是风雨飘摇,人心日趋涣散,形势日趋混乱,国民党军队在陵园内构筑工事,多有乘机滥伐林木者。一些散兵游勇也混入陵园盗伐树木,不听制止,动辄鸣枪恐吓。在这种困难情况下,陵园留守人员仍然坚守岗位,尽量避免使陵园遭受损失和破坏。

随着战局的节节败退,国民政府各机构陆续南迁。行政院长孙科在离宁前前来辞陵,对范良说:"毛泽东、周恩来对孙总理是很尊敬的,他们是不会为难你的。"范良要求拱卫处人员不要离开,说:"我们是奉命守陵和看护陵园的建筑和林木的,大家先把枪支弹药都集中起来。"为避免与解放军发生武装冲突,守陵部队在解放军尚未进城前徒手站岗,武器全部入库存放。

4月21日,范良来到已搬迁至励志社内的"行政院"办公处,请示留守人员在南京失守后怎么办?负责人员表示预发留守人员三个月的薪饷暂维生活,并从速到"财政部"金库办理了支付命令。但这张支付命令终成一纸空文。

4月23日,南京解放。下午3点,范良召开紧急会议,决定将各分驻所集中,加强对陵墓的保卫,并规定:日间巡哨岗位一律仅带刺刀,夜间除门岗外,暂不出巡。遇到解放军,不要主动挑衅。"

24日凌晨,人民解放军35军105师315团副政委刘志诚带领2营追歼南逃的敌人,沿中山东路行至中央医院(今南京军区总医院)门口休息时,侦察员报告说发现中山陵门外还有一部分国民党部队残余。这支国民党部队正是中山陵的拱卫大队。解放军官兵意识到,拱卫大队是一支特殊的武装队伍,负责警卫孙中山先生陵墓,绝不同于国民党参加内战的一般军队,因此只能通过谈判和平解决,决不能轻易动武。

解放军与范良和拱卫大队大队长王全中校很快达成协议:解放军分别进驻中山陵和明孝陵、灵谷寺、紫金山天文台。拱卫大队把枪支弹药造册交给解放军,接受解放军的改编,继续担任中山陵的守卫工作。于是,解放军一枪不放便和平接管了中山陵,每个哨位上都由两名士兵值勤,一个是身穿解放军军装的战士,手持钢枪;一个是身穿国民党军服的拱卫队员,徒手站立。他们相向而立,配合默契。国共两军和平衔接、同站双岗、共同护卫中山陵的画面,在中国国共两党的历史上,实为罕见。

党中央和总前委对中山陵很重视,陈毅司令员不仅亲笔写有手令,毛泽东同志还以中央军委的名义,亲自指示攻克南京的一线部队一定要"注意保护南京孙中山陵墓,对守陵人给予照顾"。

南京才解放,形势还很复杂紧张。驻扎在南京汤山的国民党军暂编第4师,转移到毗邻中山陵的孝陵卫,妄图靠"挟持"中山陵与解放军"讨价还价",这3 000多人的国民党残部终被全部俘虏,确保了中山陵以及南京城的安全。

还有国民党散兵自称"江南挺进军"司令,要代表解放军接收拱卫大队武装,幸亏被识破扣留。一些不明真相的群众听信谣言,聚众公开盗伐中山陵的森林,甚至不听劝阻,还围殴守陵士兵。4月28日,南京军事管制委员会成立。为了加强对中山陵园的保护,刘志诚于4月28日向新成立的南京市军管会提出申请,派公安部队进驻陵园,协同守陵部队加强巡护,并抓获和处理了一些头号分子,盗伐中山陵林木的风气才渐渐平息。

5月10日,南京市人民政府成立。5月11日,军管会发出保护中山陵园的布告:"为严密保护孙中山先生陵园起见,无论军民人等,前来游览,不得损伤一草一木,违者严惩不贷。"之后派董绍祺为军事代表,由联络员王嘉训率工作人员5人进行接管事宜,原留守机构仍维持。董代表负责至6月底,市政府另派赵元史为军事代表与联络员邱祥瑞同来,迨8月下旬赵代表参加西南服务团,由李正审继任为军事助理代表,陵园直属于市政府秘书处。

8月,解放军胜利完成了接管和护陵任务,撤出中山陵。随后,南京市人民政府成立了"中山陵园管理处",隶属于市园林管理处。原拱卫处代理处长范良率部接受改编,将拱卫大队改为园警大队,分为两个连。一连主要是解放军战士,二连则大部分系原来拱卫队成员,共同保护中山陵园的一草一木。

1961年,中山陵被核定为全国重点文物保护单位。

从4月24日和平交接到1949年7月底前,中山陵园属于军管的特殊时期。1949年8月以前,中山陵园属于军管时期,以后属于南京市园林处。机构设置基本上沿袭以前的,分为园林处和园警大队。在隶属关系上屡有变更。最初接受政务院领导,后隶属于华东局,以后又属于南京市园林处、南京市城建局领导。1951年,中山陵园管理委员会成立。1961年,中山陵被核定为全国重点文物保护单位。

69 拜谒中山陵的外国政要和国际友人有多少

孙中山的一生是伟大、光辉的一生。他的伟大功勋和高尚人格，不仅赢得了中国人民的尊敬，而且也受到世界各国人民的尊敬。自1929年6月1日孙中山安葬于中山陵之后，就曾有很多外国朋友和贵宾晋谒中山陵。1949年中华人民共和国成立之后，先后有100多个国家的政府代表团、50多位外国元首、政府首脑晋谒过中山陵。

中华人民共和国成立后，首批到中山陵来谒陵的外国友人，是苏联著名作家法捷耶夫、西蒙诺夫率领的苏联文化艺术科学工作者代表团。20世纪50年代，波兰、德国、瑞典、匈牙利、意大利、奥地利、冰岛、缅甸、尼泊尔、叙利亚等许多国家的文化代表团，也都曾到南京中山陵瞻仰和游览。

20世纪50年代，到中山陵来谒陵的重要外国贵宾有印度总理尼赫鲁，印度尼西亚总统苏加诺，印度尼西亚总理阿里·沙斯特罗阿米佐约，阿尔巴尼亚劳动党第一书记恩维尔·霍查、部长会议主席穆罕默德·谢胡和政治局委员阿利雅，苏联共产党和苏联政府的主要领导人赫鲁晓夫、布尔加宁、米高扬，蒙古的泽登巴尔总理，波兰统一工人党第一书记贝鲁特，缅甸总理吴努，捷克斯洛伐克总理西罗基等。

1961年10月11日，尼泊尔国王马亨德拉和王后由国务院副总理习仲勋、外交部副部长耿飚和夫人陪同晋谒中山陵，敬献花圈。1964年11月7日下午，阿富汗国王穆罕默德·查希尔·沙阿和王后霍梅拉以及其他阿富汗贵宾，由国家主席刘少奇的夫人王光美和江苏省南京市负责人陪同，登上了中山陵墓，瞻仰了孙中山坐像。到中山陵来谒陵次数较多的外国元首是柬埔寨国家元首诺罗敦·西哈努克亲王。西哈努克亲王早在1960年12月21日，就曾在周总理的陪同下晋谒过中山陵。1971年，西哈努克两次晋

1961年5月,越南民主共和国主席胡志明(左二)在孙中山坐像前敬献花圈。

谒中山陵。

20世纪70年代,来谒陵的外国元首和政府首脑还有尼泊尔国王比兰德拉和王后艾什瓦尔雅,博茨瓦纳共和国总统塞雷茨·卡马,扎伊尔总统蒙博托,突尼斯总理努伊拉,冈比亚总统贾瓦拉,联邦德国总理施密特,中非共和国总统、中非革命委员会主席萨拉赫阿丁·艾哈迈德·博卡萨,喀麦隆总统阿希乔,利比里亚总统托尔伯特,卢森堡首相加斯东·托恩,毛里塔尼亚伊斯兰共和国总统莫克塔·马尔德·达达赫,伊朗亲王殿下左拉姆·礼萨·巴列维,吉布提共和国总统哈桑·古莱德·阿普蒂敦等。朝鲜劳动党中央委员会总书记、国家主席金日成是在1975年4月22日下午来中山陵谒陵的,陪同他的是邓小平、乔冠华以及江苏省革委会主任彭冲。

改革开放以来,来中山陵谒陵的人显著增多,大批外国友人前来中山陵谒陵。20世纪80年代,来谒陵的外国元首和政府首脑有赞比亚共和国总统卡翁达,日本前首相福田赳夫,法国总统密特朗、共产主义青年运动总书记皮埃尔·扎尔卡,博茨瓦纳民主党全国执行委员会主席、副总统彼得穆西,安提瓜和巴布达副总理伯德,泰国王储玛哈·哇集拉隆功、公主瓦塔娜,荷兰首相吕贝尔斯,民主德国总书记埃里希·昂纳克,美国前总统布什,联邦德国总理赫尔穆特·科尔,捷克斯洛伐克共产党中央委员会总书记雅克什等。

20世纪90年代及本世纪初,谒陵的外国元首和政府首脑有乌拉圭总统桑吉内蒂、黎巴嫩总理索勒赫、越南国会主席农德孟、马来西亚副总理安瓦尔·伊卜拉希姆,新加坡资政李光耀、副总理王鼎昌,南非非国大副主席西苏鲁、冰岛议长萨洛梅·索格尔斯多蒂尔、乌克兰最高苏维埃主席普柳希、贝宁国民议会议长温贝吉、马里共和国总统阿尔法·乌马尔·科纳雷、佛得角共和国议长丰塞卡、伊朗议会经济委员会主席穆罕默德·沙迪阿拉布罗、比利时王子洛朗、蒙古民主党主席、原蒙古总理思赫赛汗、古巴国务委员会主席兼部长会议主席菲德尔·卡斯特罗、巴西国防部长维埃加斯、菲律宾参议院议长德里隆、圭亚那总理塞缪尔·海因兹、国际奥委会主席罗格、瓦努阿图副总理兼外交部长基尔曼、老挝中央政治局委员、书记处书记、副总理兼中纪委书记阿桑·劳里、巴布亚新几内亚总督马塔内、几内亚比绍共和国总统维埃拉、利比里亚临时参议长尼耶纳博等。

1998年10月,美国前总统布什(左三)在中山陵博爱坊前留影。

70 孙中山先人葬于何处

在孙中山故乡广东翠亨村附近，其祖先的坟墓大概分为三个区域。第一处是犁头尖山脚西面，此处葬有孙中山的父亲及兄长；第二处在犁头尖的山腰附近，这里还有个土名叫竹高龙，葬有孙中山的始祖婆、五世祖、六世祖等祖先；最后一处是位于谭家山附近的孙宅山庄，也有个土名叫做猪肝吊胆。

1932年间，香山孙氏先祖集中迁葬于翠亨村附近的谭家山，共有40个墓，葬有十一世祖瑞英、十二世祖连昌、孙中山的姐姐孙妙茜、孙中山的女儿孙娫等。

经过风水大师的检测，位于竹高龙处的各个山坟，风水俱佳，不宜迁动。尤其是葬在皇帝田的孙中山祖父敬贤公和葬在黄草岗的孙中山祖母的墓，属于风水最好的两处。特别是孙中山祖母黄氏的墓坐西向卯，全部朝向金星门淇澳岛。据风水大师推算，龙脉在这一块区域的走向，刚好是正对着金星门，用风水大师的话来讲，这块黄氏的墓就是一个典型的藏风聚气之所。所以在后来搬迁祖坟的时候，这几处并没有动。其余的大部分已经迁至孙宅山庄。

70 孙中山先人葬于何处

孙中山的祖母黄氏墓,位于翠亨村附近的黄草岗上。

但是,孙中山的母亲却没能葬在翠亨村祖坟,这是为何呢?孙中山为了革命受到清廷通缉,家人受到影响。其母杨太夫人迁居到香港九龙,并于1910年7月19日去世,享年83岁。时值孙中山辗转于新加坡与马来西亚槟城之间。香港当局当时禁止孙中山

1912年5月,卢慕贞与陈粹芬在孙太夫人香港之坟合影。

入境，以致孙中山无法为母亲奔丧，这使孙中山极为悲痛，遗憾终生。事后，他作诗一首，以抒发一个孝子不能行孝的悲痛。诗云：孝子之心，百年不灭。乃为国家，天涯海角。

孙母丧事由同盟会员罗延年等办理。据说是请了孙家一亲戚杨九点穴，他在当地做风水颇享盛名，选此地以及葬法，都有催官的动机。孙母下葬时白布裹尸，直接"肉身成葬"，不用棺木，这样可以尽快吸收地气，速发子孙。这种葬法也是追求"寅葬卯发"的速度。孙母之墓前临西贡海，背枕飞鹅岭，风水极佳。

有人认为，如果孙中山没有抱病北上，而是逝于广东，那么根据当时形势就很有可能安葬在翠亨村或是广东。孙中山的病逝北京，反而使其葬于南京紫金山成为可能。

孙中山葬于中山陵后，其后人也多次前来拜谒。1992年7月17日，孙中山的嫡孙孙治强率全家来谒陵。谒陵后，参观了孙中山纪念馆。休息时，孙治强题写："先人足蹟，步步为艱。"1996年11月15日，在孙中山诞辰130周年之际，孙中山的亲属孙穗华、孙穗瑛、孙治强、孙国雄等几代人从海外归来组成一支孙中山家属谒陵代表团，在全国政协副主席、民革中央主席何鲁丽的陪同下拜谒中山陵。

2003年6月1日，孙中山先生的曾孙女孙佳宁首次来宁，与其家人一同拜谒中山陵。2006年11月14日，孙中山亲属一行100余人在北京参加纪念孙中山诞辰140周年活动后，专程来中山陵谒陵。

71 孙中山的前两位夫人葬于何处？

孙中山为了革命，离开故乡，四处奔波，先后有三位夫人。前两位分别是卢慕贞和陈粹芬。

卢慕贞生于1867年，其父卢耀显承先祖业读书，后漂洋过海到檀香山谋生，与孙眉（孙文的哥哥）同为檀香山华侨。卢慕贞是卢耀显的长女，身材矮小，自幼缠足，没受过什么教育，是一个相貌平平、性格内向的旧式女子。1885年5月26日，卢慕贞与年方20岁的孙中山定亲，不久就结婚了。三个月后，孙中山离开家乡再赴香港中央书院复学，在假期才回故乡与夫人团聚。两人相敬如宾，育有孙科、孙娫和孙婉一子二女。

卢慕贞与陈粹芬关系融洽

1915年，孙中山为娶宋庆龄，与卢慕贞协议离婚。孙中山在1918年10月致英国恩师康德黎的信中坦白自己和卢慕贞夫人离婚的原因:"我原来的妻子不喜欢外出,因而在我流亡的日子里,她没有在国外陪伴过我。她需要和我的老母亲定居在一起,并老是劝说我按照中国旧风俗再娶一个侧室。但我所爱的女子(宋庆龄)不愿意接受这样的地位,而我自己又离不开她(宋庆龄)。这样一来,除了同我的前妻协议离婚之外,再没有别的任何办法了。"

卢氏离婚后仍住在翠亨村,后定居于澳门。1946年,孙科接母到南京为她过80岁大寿。7月31日早晨,卢老太太前往中山陵谒陵。拱卫处处长马湘、副官邱有随侍卢夫人左右两侧,精心照顾。谒陵时,卢老太太神情庄重、严肃,充满了对孙中山的敬仰之情。

1946年7月,卢慕贞到中山陵祭拜孙中山。

1949年中华人民共和国成立后,孙科居香港,特接母亲来港同住。每晚临睡以前,必至母亲寝室,看看被子盖好了没有。每天清晨侍奉母亲到花园去散步。后来时局逆转,孙科夫妇不得不先去法国,后往美国定居,卢夫人则重返澳门,过着孤独的生活,直到1952年去世,先葬于澳门旧西洋坟场,在1973年的时候又被迁入了凼仔孝思永远墓园,在2005年迁葬回翠亨村。

陈粹芬于1873年生在香港,原名香菱,排行第四,故人称"陈四姑",身材适中,眉清目秀,吃苦耐劳,颇具贤德,由于家贫,父母

孙中山的前两位夫人葬于何处？

陈粹芬和孙乾及苏仲英合家照

早亡，未曾读过书。1892年的一天，19岁的陈粹芬在屯门基督教堂（美国纪慎会），由陈少白介绍她与孙中山相识，深为孙中山的豪言壮语所感动，崇拜之情油然而生，也立志参加革命。不久，两人结成革命伴侣。

陈粹芬多年来追随孙中山，足迹遍及日本、新加坡、马来西亚一带，相随左右。她常常替革命同志洗衣做饭，传递革命密函，甚至从事运送军火等危险的地下工作。孙中山在日本流亡期间她做孙中山的联络员，掩护革命同志，在孙中山周围待了十几年。后来因患了肺结核，怕传染给孙中山而离开了孙中山。

陈粹芬随侍中山先生虽久，然终身无所出。收一养女苏仲英。苏仲英生于1914年，夏威夷大学毕业。抗战前居香港，与在韶关任通讯兵团少将团长的孙乾（孙眉次孙）重逢，并在意大利米兰市结婚。夫比妻大七岁。然论辈分，却有姑、侄之别，即孙乾应称苏仲英为姑母。故当时卢夫人很反对这门亲事。无奈彼此相处既久，了解深刻，感情甚笃，且无血缘关系，只好默认既成的事实。苏仲英做陈女士的养女后，改姓为孙仲英，唯于结婚时恢复原姓。1957年1月5日，孙仲英去世。

在孙家的祖谱里，陈粹芬是妾，陈粹芬与卢慕贞相处融洽，情同姐妹。晚年在中山县定居，由养女苏仲英（后改名孙仲英）和女

位于翠亨村谭家山的陈粹芬墓,墓碑是孙中山侄孙孙乾所立。

婿孙乾(孙眉次孙)侍养。虽没与孙中山正式结为夫妇,但被长房孙眉及卢夫人承认为妾。孙辈咸昵称其为"南洋婆",称元配卢夫人为"澳门婆",称宋庆龄为"上海婆"。

1960年秋,陈粹芬女士因病去世,享年88岁,葬于香港九龙荃湾华人永远坟场,1992年迁葬于中山市南朗镇崖口谭家山孙族坟场,与养女孙仲英墓距离很近。

孙中山的母亲杨太夫人没有葬在翠亨村的孙家祖坟,而是葬于香港。所载,孙中山之兄孙眉在1907年偕同母亲及孙中山元配夫人卢慕贞及两个女儿自夏威夷移居香港,住在九龙城东头村24号,至1910年农历六月十三日孙母病逝,下葬于飞鹅山麓之百花林。孙中山先生半生流亡海外,其家人亦受其牵连,被迫四处奔波,杨太夫人葬于香港的主因也在于此。

那么,孙中山的遗孀宋庆龄为何没有与丈夫合葬于中山陵呢?

72 宋庆龄为何没有与孙中山合葬于中山陵

文化底蕴深厚、风景优美秀丽的中山陵园风景区内安葬着两对革命夫妇的合葬墓,分别是廖仲恺、何香凝合葬墓和范鸿仙、李真如合葬墓,而志同道合、伉俪情深的孙中山和宋庆龄却没有合葬在一起,这是什么原因呢?

孙中山逝世后,宋庆龄继承先生的遗志,为中国革命继续奋斗,又独自生活了50多年,1980年下半年以来,宋庆龄的身体一直不好,经常发高烧,甚至于卧床不起。1981年2月5日,陪伴她整整53年的保姆李燕娥病逝,这给本来已十分虚弱的宋庆龄以沉重的打击。李燕娥是广东香山县(今中山县)人,是孙中山先生的同乡。1927年,年仅16岁的李燕娥由一个姓谭的广东老太太介绍到上海莫里哀路29号寓所当女佣。据说,她见到宋庆龄的第一天就说:"我要服务您一辈子,夫人。"这位纯朴的农家女子果真实现了她的诺言。几十年中,她除了精心照料宋庆龄的日常生活外,还替她传递文件,陪她外出参加一些重要的政治活动。宋庆龄也从来没有把她当做仆人看待,一直亲切地称她为"李姐"。50多年的风风雨雨,两人结下了深厚的姐妹情谊。

悲痛万分的宋庆龄支撑着病体,亲笔给警卫秘书杜述周写下了她对李姐后事安排的指示:"我一直答应让李姐的骨灰埋葬在我父母坟的边头,要立她的碑。我以后也要埋在那里。"在最后两句话的下面,宋庆龄还专门画上一个草图,标明李姐和她自己墓碑的位置应在她父母合葬墓的左右等距。应该说这是宋庆龄在生前对李姐对自己身后葬到何处所做的遗言。说明她是经过慎重考虑而作出的最后决定:安葬到父母身边,活着不能尽孝,死后要守在父母身边。

宋庆龄为什么没有提出与孙中山合葬或附葬于中山陵?廖承志在《我的吊唁》一文中解释:

她一生地位崇高，但她从未想过身后做什么特殊安排。台湾有些人说，她可能埋葬在南京紫金山中山陵，她想也不曾想过这些。中山陵的建造构思，她不曾参与过半句，也不愿中山陵因为她而稍作增添，更不想现在为此花费国家、人民的钱财。

宋氏墓地全景，宋庆龄父母墓居中，东侧为宋庆龄墓，西侧为李燕娥墓。

宋庆龄传记的作者伊斯雷尔·爱泼斯坦补充：她会认为，孙中山的历史业绩是他的功勋，她不应去分享。另外……国民党中曾有人对她作为孙中山遗孀的地位妄加訾议（在1922年中山舰事件之前，虽然已结婚七八年，但国民党内仍有人故意称她为"宋小姐"，以示不承认她"孙夫人"的身份。此后，这种无聊没有了，但所谓"名分"问题并没有一劳永逸地树静风息）。她气愤地说："他们可以说我不是孙夫人，但没人能够否认我是父母亲的女儿。"这也许可以作为另一个原因。她父母的墓地在"文化大革命"中曾遭破坏，后经周总理下令修复。是不是因此而使她觉得她必须永远陪伴在她父母身边？她一生为公，但在她看来，死是私人的事情。

1981年5月28日晚上11点多，宋庆龄已经恶化的病情开始急转直下。卫生部的领导和专家进行了紧急抢救。抢救工作持续了20多个小时，终于无效。5月29日晚8时18分，一颗伟大的心脏停止了跳动。宋庆龄的孙女孙穗英、孙穗华，外孙女戴成功和其他亲属张家恭、林达光、陈恕、陈志昆、黄寿珍、陈燕，在抢救期间，都守候在她的病床前，一直到她停止呼吸。

6月2日下午,首都近百万群众伫立在长安街两旁,目送宋庆龄名誉主席的遗体移送八宝山革命公墓火化。6月3日,首都北京万人集会,隆重追悼宋庆龄名誉主席。追悼会由胡耀邦主持,邓小平致悼词。邓小平对宋庆龄的一生作了高度评价,指出:"宋庆龄同志鞠躬尽瘁,70年如一日,把毕生精力献给中国人民民主和社会主义事业,献给世界和平和人类进步事业。她在任何情况下都保持着坚定的政治原则性,威武不屈,富贵不淫,高风亮节,永垂千古。尤其难能可贵的是,她跟随历史的脚步不断前进,从伟大的革命民主主义者成为伟大的共产主义者。"

宋庆龄逝世后,世界各国领导人、政党、友好人士和团体的唁电、唁函像雪片般飞来,还有不少国家和地区举行了吊唁活动。

6月4日晨,宋庆龄的骨灰由邓颖超、乌兰夫、廖承志、陈慕华等护送,由专机从北京移送到上海。当天上午在上海万国公墓的宋氏墓地隆重举行了安葬仪式。在哀乐声中,宋庆龄的骨灰安然放入洁白如玉的大理石墓穴。墓碑上镌刻着:

一八九三年——一九八一年
中华人民共和国名誉主席宋庆龄同志之墓
一九八一年六月四日立

在上海万国公墓举行的宋庆龄骨灰安葬仪式。

宋庆龄是孙中山的夫人和战友,是世界上最伟大的女性之一,却不愿挤进南京紫金山中山陵分享孙中山先生的光辉,而心甘情愿地同她的父母和"李姐"葬在一起。

宋庆龄和孙中山伟大的一生备受艰辛和挫折,他们以坚韧非凡的毅力,曾经共同为国为民奋斗不已,直至鞠躬尽瘁死而后已,他们的一生是如此地无怨无悔,用宋庆龄生前说过的一句话可以作为最好的诠释:"假如一切事情要再重复一次的话,我还是愿意同样地生活。"

邓小平题写的纪念碑

73　历经沧桑的中山陵园

中山陵园,自建成之后,伴随着紫金山,历经沧桑,饱受战火蹂躏和时局动荡,看改朝换代,观风云变幻,涅槃重生。

中山陵今貌

1966年,"文化大革命"开始,中山陵园不可避免地受到了冲击。当年为了纪念孙中山先生100周年诞辰,国家拨款100万元,修缮了中山陵的墓道、陵门、碑亭、祭堂和墓室,更换了陵门、碑亭和祭堂屋面开裂的琉璃瓦,焊缝修整了檐椽外部的铜套,对里面的工字钢进行了防锈处理,陵门、祭堂和墓室的铜门,也全部修整如初。这次大规模维修,保持了中山陵当年的面貌,但很快又遭到了破坏。

"文革"结束后,中山陵又被列为全国园林古迹修葺重点。1981年,中山陵园管理处请来了一流的建筑设计工程师和工匠,根据历史档案的原样,进行精心的修整。这次修缮的一个重要项目,是完全按照原来的面貌,重修了祭堂和墓室顶部的国民党党徽。此外,还重刻了碑亭里大石碑碑头上的国民党党徽,对392级石阶,全部用水泥重新勾缝。

1982年8月,南京市委、市政府将中山陵从市城建局划出,为市属局一级单位,全民事业性质不变。1985年,对中山陵祭堂前三段石阶两侧栏杆和光化亭进行维修,把孙中山铜像从原铜鼎处迁往藏经楼前,将十年内乱中移走的铜鼎放回原处,从而恢复了中山陵的"自由钟"造型。

1996年6月,中共南京市委、南京市人民政府宁委发(1996)19号文将"中山陵园管理处"更名为"中山陵园管理局",为市政府直属事业单位。

紫金山天文台

中山陵,现已成为人们纪念孙中山先生最为重要的地点之一。特别是在3月12日、11月12日,更是有特别的纪念活动。现在的中山陵园,早已驰名中外,成为全国著名的风景旅游区,占地31平方千米,是古都南京名胜古迹荟萃之地,以凝重的历史意义、极高的文化价值和优美的园林景致在海内外享有盛誉,成为海峡两岸历史联结的情感纽带,成为海内外华人共同瞻仰的圣地。

后　记

　　中山陵不仅是著名的旅游景点,也是南京的地标建筑,不但气势宏伟,而且具有一定的政治意义和影响。孙中山当年为何一眼会有在此长眠的想法?这里有何特殊之处?本书以此为切入点,从古到今,从风水到典故,从人物到事件,从建筑到机构,以中山陵为核心,以时间为顺序,逐步展开,特别是以民国时期为重点,讲述与中山陵及中山陵园相关的历史。现在的中山陵园已经成为市民娱乐度假的佳处和中外宾客到南京的必游之地!

　　继《解密总统府》《解读夫子庙》之后,《解密中山陵》历时多年酝酿终于完成。三本书围绕南京三个重要景点,各有特色,前两本侧重府衙、庙俗文化,《解密中山陵》则以陵寝为主线,从孙权墓、明孝陵到中山陵,以及附属墓葬、相关建筑,在突出陵墓文化的同时,也体现出其他的多元文化。

　　由于史料及水平有限,书中若有不足之处,敬请谅解和指正。欢迎关注微信公众号:NJHFHHH,在旅行中感触历史。或通过@南京黄飞鸿 的自媒体平台交流。

作者于中山书院
2017 年 11 月 12 日